# PRÉFACE DU CATALOGUE

DE LA

# BIBLIOTHÈQUE MAZARINE

*Tiré à trois cent six exemplaires :*

300 sur beau papier de Hollande.

6 sur papier anglais Whatman.

# PRÉFACE DU CATALOGUE

### DE LA

## BIBLIOTHÈQUE

# MAZARINE

*Rédigée en* 1751

### PAR LE BIBLIOTHÉCAIRE

## P. DESMARAIS

*Docteur de Sorbonne*

Publiée, traduite en français et annotée

### PAR

## ALFRED FRANKLIN

De la Bibliothèque Mazarine

## PARIS

### J. MIARD, LIBRAIRE-ÉDITEUR

#### 170, RUE DE RIVOLI

1867

Pierre Desmarais *fut un de ces hommes modestes et dévoués dont le souvenir ne franchit* guère *les limites de l'établissement auquel ils ont consacré leur existence; mais là du moins leur nom, sans cesse rappelé par l'utilité durable de leurs travaux, se conserve respecté d'âge en âge.*

*Les seuls renseignements que nous ayons sur lui sont donc tirés de l'histoire de la bibliothèque qu'il ad-*

ministra pendant trente-huit ans, et qui possède encore des témoignages nombreux de son activité, de son zèle et de son intelligence.

Dans son testament, dicté peu de jours avant sa mort, Mazarin avait réglé avec une lucidité admirable et un soin minutieux tous les détails relatifs au collége qu'il fondait. Il lui laissait sa bibliothèque, précieuse collection de vingt-sept mille volumes, que, par ses ordres, le savant Naudé avait été choisir dans toutes les contrées de l'Europe. Des merveilles artistiques qu'avait réunies Mazarin, celle-ci était la plus aimée ; elle s'était trouvée mêlée aux principaux événements de sa vie politique, et l'histoire a recueilli les plaintes éloquentes que lui arracha sa dispersion à l'époque de la Fronde.

*Aussi, sur le point de se séparer d'un trésor qui lui est si cher, il prend toutes les mesures nécessaires pour assurer sa conservation et son avenir. Il l'unit d'une manière indissoluble aux destinées du magnifique établissement qui doit porter son nom et où il veut être enseveli. Il ordonne que, placée sous la haute surveillance d'un proviseur ou grand-maître, cette collection soit administrée par un bibliothécaire pourvu du titre de docteur de Sorbonne, et élu à la majorité des voix par les douze plus anciens docteurs de cette Maison.*

*La Sorbonne était bien déchue déjà; cet antique et vénéré tribunal des débats théologiques du monde chrétien avait perdu beaucoup de son influence, et les puériles subtilités de sa dogmatique rencontraient moins*

*d'admirateurs que d'incrédules. Mais,*
*au point de vue de la solidité des étu-*
*des, la vieille fondation du confesseur*
*de saint Louis était restée à la tête*
*de l'Université de Paris, et le titre*
*de docteur de Sorbonne représentait*
*encore l'instruction la plus étendue*
*que l'on pût alors acquérir.*

*C'est au mois d'août 1722 que le*
*docteur Pierre Desmarais fut choisi*
*pour remplir les fonctions très-en-*
*viées de bibliothécaire du collége*
*Mazarin : son nom se rattache aux*
*deux plus importantes modifications*
*qu'ait subies la bibliothèque depuis*
*sa création.*

*Mazarin avait légué au collége,*
*non-seulement ses livres, mais encore*
*les belles boiseries qui décoraient la*
*galerie établie dans son palais. Cette*
*galerie était entourée, à hauteur*

d'appui, d'un corps avancé formant pupitre, et cinquante colonnes canne-lées d'ordre corinthien supportaient un balcon en saillie, à partir duquel commençait une seconde série de ta-blettes qui montaient jusqu'à la nais-sance de la voûte. Lors de la con-struction du collége, on imita, autant que possible, cette disposition, et les boiseries du cardinal furent trans-portées dans le nouveau local. Mais on était limité pour la hauteur : la galerie du palais Mazarin avait dix mètres d'élévation, celle du collége huit mètres à peine. On dut donc sup-primer le balcon, et la voûte reposa sur une large corniche soutenue par les chapiteaux des colonnes.

On n'attacha pas d'abord à ce changement grande importance. Peu à peu cependant l'espace vint à manquer ; et, au bout de cinquante ans, le nombre des volumes s'étant augmenté de six à sept mille, on commença à être fort embarrassé pour les placer, car le collège ne pouvait céder aucune des salles qui faisaient suite à la galerie.

La situation était vraiment difficile. On en sortit par l'adoption d'un projet très-hardi. On enleva les cintres de la voûte, qui se trouva alors transformée en un plafond ordinaire, formant angle droit à sa rencontre avec les murs; et la hauteur ainsi conquise sur la voûte permit de rétablir le balcon, où vingt mille volumes de petits formats purent trouver place.

La bibliothèque possédait alors deux catalogues, l'un méthodique, l'autre alphabétique. Le premier n'était en réalité qu'un inventaire, les livres y étaient mentionnés dans l'ordre qu'ils occupaient sur les tablettes. Pour le second, c'était tout simplement le catalogue de la bibliothèque Bodleïenne publié par Th. Hyde; on avait intercalé entre les pages imprimées des feuillets blancs, sur lesquels on inscrivait à la main les ouvrages possédés par la bibliothèque Mazarine et qui ne figuraient pas dans ce catalogue.

On sent combien d'erreurs, combien d'indications inexactes devaient résulter de cette organisation. Desmarais songea donc à dresser un catalogue complet de tous les livres qu'il avait sous sa garde. Lui-même nous a raconté naïvement les hésitations qui l'assaillirent au moment d'entreprendre cet immense et pres-

*que inimaginable travail*, illud immensum et propemodum incogitabile
opus. *Il avait commencé par rédiger un catalogue de tous les ouvrages
relatifs à l'histoire. Pour un docteur
de Sorbonne, n'avoir pas choisi la
théologie, c'est déjà très-beau, et
il faut lui en tenir compte. Mais
il s'aperçut bientôt qu'un répertoire
par ordre alphabétique serait beaucoup plus utile au public: il aban-
donna donc à ses successeurs, qui l'ont
accepté, le soin de terminer son premier travail. Par la grâce de Dieu,
comme il le dit, il put achever le
catalogue alphabétique, chef-d'œuvre
de patience, d'exactitude et de bon
sens, qui remplit trente-huit volumes
in-folio et suffit encore aujourd'hui
à toutes les exigences du service.*

*Desmarais, dans l'intéressante pré-*

*face qu'il a placée en tête de cette œuvre, se plaint déjà de son âge avancé, de sa santé chancelante,* provecta jam ætas et infirma valetudo; *il vécut cependant encore près de neuf années, et mourut le 23 février 1760. Il eut pour successeur Jacques Vermond, le trop fameux confident de Marie-Antoinette.*

# PRÉFACE DU CATALOGUE

## DE LA

# BIBLIOTHÈQUE MAZARINE

# PRÉFACE

## DU CATALOGUE

### DE LA

## BIBLIOTHÈQUE MAZARINE.

L a bibliothèque Mazarine est loin d'occuper le rang le moins élevé parmi les bibliothèques de la ville de Paris[1]. Elle est illustre

1. La bibliothèque Mazarine renfermait alors environ 45,000 volumes, et il n'y avait guère à Paris que deux ou trois collections qui pussent rivaliser avec elle. La bibliothèque du roi possédait 100,000 volumes, la bibliothèque de l'abbaye de Sainte-Geneviève 50,000, celle de Saint-Germain-des-Prés 40,000, et celle de Saint-Victor 30,000.

par le nombre et le choix de ses livres en tous genres, dans l'histoire comme dans les belles-lettres. En sa qualité de bibliothèque publique[1], elle est d'une très-grande utilité,

1. Elle l'était depuis cent huit ans; car, à la fin de l'année 1643, Mazarin en avait ouvert les portes au public, quoiqu'elle fût installée dans le palais qu'il habitait. En 1643, il n'y avait encore en Europe que trois bibliothèques publiques : la bibliothèque Ambroisienne, fondée à Milan vers 1608 par le cardinal Borromée; la Bodléïenne, à Oxford, ouverte en 1612; et la bibliothèque Angélique, qu'Angelo Rocca avait établie à Rome en 1620. A l'époque où écrivait Desmarais, huit bibliothèques de Paris étaient publiques : la bibliothèque Mazarine, depuis 1643; celle de l'abbaye de Saint-Victor, depuis 1652; celle des avocats, depuis 1708; celle de la congrégation de la Doctrine chrétienne, depuis 1718; la bibliothèque du roi, depuis 1736; celle de l'église Sainte-Marguerite, depuis 1738; celle de l'abbaye de Saint-Germain-des-Prés, depuis 1745; et celle de la Faculté de médecine, depuis 1746. Trois autres bibliothèques devinrent publiques dans la suite : celle de

tant à ceux qui cherchent à s'instruire qu'aux savants qui veulent entreprendre des travaux d'érudition.

Elle est due à la munificence de l'Éminentissime cardinal Jules Mazarin, premier ministre du royaume de France. Jugeant cette grande œuvre digne des charges qu'il avait remplies et du rang qu'il avait occupé, il légua par son testament[1], daté de Vincennes[2] le 6 mars 1661, peu de jours

l'abbaye de Sainte-Geneviève, en 1759; celle de la Ville de Paris, en 1763; et celle de l'Université, en 1770.

1. Il le dicta de son lit à « Nicolas le Vasseur et François le Fouïn, Notaires gardenotes du Roy au Chastelet de Paris; » il fut ensuite « par l'un d'eux, l'autre present, releû à son Eminence. »

2. Mazarin, condamné par ses médecins, s'y était fait transporter au commencement du mois de février.

avant sa mort[1], une somme considérable[2] destinée à la fondation d'un

1. Il mourut dans la nuit du 8 au 9 mars,
vers deux heures du matin.

2. « Pour faire l'achat des places neces-
saires à l'établissement dudit College,
payement des droits d'amortissement et
indemnité, bastimens, emmeublemens, or-
nemens... mesme pour l'achat de quelques
Livres pendant l'année, afin d'estre ajoû-
tez à la Bibliotheque, Mondit Seigneur le
Cardinal Duc veut que sur les plus clairs
de ses deniers comptans, de ses œconomies
et épargnes, et de ses autres effets, il soit
pris deux millions de livres, et icelle somme
mise entre les mains des sieurs Exécuteurs
de la presente Fondation... Plus mondit Seigneur le Cardinal Duc donne audit College
quarante-cinq mille livres de rente à luy
appartenant, sur l'Hostel de Ville de Paris,
de la nature qu'elles sont, dont il ne se paye
à present que quinze mille livres effectifs
par chacun an... Et dautant que ce que
dessus ne pourra satisfaire à l'entier établissement et à la subsistance de la presente Fondation, mondit Seigneur le Cardinal Duc supplie tres-humblement Sa Majesté que le revenu temporel de l'Abbaye de
Saint-Michel en l'Herm, dont son Emi-

collége qui devait porter son nom [1], et
à la construction d'une salle apte à
recevoir les livres qu'il avait rassem-
blés de toutes parts [2].

Pour veiller à l'exécution de ses
dernières volontés sur ce point, il dé-
signa des personnages considérables :
MM. de Lamoignon, premier prési-

nence est à present titulaire, en quoy que
ledit revenu puisse consister, soit uni audit
College et Bibliotheque... » *Testament de
Mazarin.*

1. Il hésita longtemps entre *Collége des
Conquêtes* et *Collége Mazarin*; dans son
testament, il l'appelle *Collége des Nations ;*
dans toutes les pièces officielles postérieures
à la mort du cardinal, on le désigne sous le
titre de *Collége Mazarini* ou *Mazarin.*

2. «... Ayant aussi Sa Majesté approuvé
la résolution qu'a prise son Eminence de
joindre audit College la Bibliotheque des
Livres dont il a fait l'amas depuis plusieurs
années, de tout ce qui a esté trouvé de plus
rare et de plus curieux tant en France
qu'en tous les Païs étrangers, où il a sou-

dent du Parlement de Paris[1]; Fouquet, procureur général à la même Cour et surintendant des finances; Le Tellier, secrétaire d'État et des commandements du Roi; Zongo Ondedei, évêque de Fréjus; et Colbert, conseiller de Sa Majesté en tous ses conseils et commandements. Par son testament, Mazarin ordonne qu'on admette dans ce collége soixante[2] jeunes gens nobles, originaires des provinces réunies à la France par droit de conquête[3]; il veut que le privilége

vent envoyé des personnes tres-capables pour en faire la recherche, afin d'en faire une Bibliotheque publique, pour la commodité et pour la satisfaction des gens de lettres.... » *Testament de Mazarin.*

1. Guillaume de Lamoignon. Le 20 octobre 1658, il avait été nommé chancelier par Mazarin.

2. Ce nombre fut limité à trente.

3. « Seront des Enfans des Gentilshom-

de désigner ces jeunes gens appartienne à l'aîné de la Maison de Mazarin[1]; que l'éducation, la nourriture et le logement y soient gratuits[2]. Il commande, en outre, que, à défaut de jeunes nobles, on choisisse, de préférence à

mes ou des principaux Bourgeois de Pignerolles, son territoire, et les vallées y jointes, et de l'Estat Ecclesiastique en Italie; des Provinces d'Alsace, et autres Païs d'Allemagne contigus; de Flandres, d'Artois, de Hainault, et de Luxembourg; de Roussillon, de Conflans, et de Sardaigne, en ce qui en est réduit sous l'obéïssance du Roy, par les Traitez faits à Munster, et en l'Isle appelée des Faisans, les 24 Octobre 1648, et 7 Novembre 1659. » *Testament de Mazarin.*

1. « Son Eminence, ou, à son défaut, l'aisné de ceux qui porteront son nom et ses armes, aura la nomination des soixante Ecoliers du College. » *Testament de Mazarin.*

2. « Les soixante Ecoliers du College seront logez, nourris et instruits gratuitement au moyen de la presente Fondation. » *Testament de Mazarin.*

tous autres, des écoliers nés de parents riches ou aisés[1]. Cette clause montre bien que l'intention de l'Éminentissime fondateur n'était point de venir en aide à de jeunes gentilshommes pauvres, mais d'attacher plus étroitement les nouveaux sujets à leur nouveau roi, et à réunir ainsi dans la capitale autant de garants de la fidélité des pères envers le monarque, qu'il y aurait d'enfants élevés par sa munificence[2].

1. « Les Gentilshommes seront toûjours préferez aux Bourgeois. » *Testament de Mazarin.* — Les lettres patentes de 1688 confirmèrent cette clause, mais ordonnèrent (article 3) que les élèves une fois admis, il ne serait plus fait entre eux aucune distinction, à quelque classe sociale qu'ils appartinssent.

2. «... Que pendant ces instructions, ceux des Nations cy-dessus connoistront ce qui est necessaire à leur salut, aux sciences et à la police, et combien il est avantageux

Peu après le décès de l'Éminentissime cardinal, on songea à exécuter les
clauses de son testament[1], et l'on s'oc-
cupa d'abord de déterminer l'emplacement sur lequel serait construit le
collége. D'après les statuts de l'Université de Paris, il ne pouvait être
établi que dans les limites du territoire

d'estre soûmis à un si grand Roy. Que ceux
qui auroient ainsi pris leur éducation en
France porteroient ce qu'ils y auroient appris au païs de leur naissance, quand ils y
retourneroient, et que par leurs exemples
ils y en pourroient attirer d'autres, pour
venir recevoir successivement les mesmes
instructions et les pareils sentimens. Qu'enfin toutes ces Provinces deviendroient fran-
çoises par leur propre inclination aussi-bien
qu'elles le sont maintenant par la domina-
tion de Sa Majesté. » *Testament de Mazarin.*

1. La première réunion des exécuteurs
testamentaires eut lieu le 20 mars chez le
premier président; ils s'adjoignirent le duc
de Mazarin, héritier du fondateur, et le
chancelier Boucherat.

assigné à ce corps, c'est-à-dire en deçà
du Pont-Neuf et de la porte Saint-
Bernard[1]. Comme on ne trouvait nulle
part un endroit convenable[2], on eut
l'idée d'acheter le palais du Luxem-

1. L'Université, ou le « païs latin, »
comme l'appelaient déjà Balzac et Gui Patin, formait une des divisions officielles de
la capitale. Jusqu'à la Révolution, elle est,
dans les actes publics comme sur les plans,
partagée en quatre sections : la Cité, la
Ville, l'Université et les Faubourgs. Chacune de ces sections avait ses limites très-
nettement déterminées; celles de l'Université avaient même été, sous Philippe-Auguste, entourées de murailles. Au nord,
elle était bornée par la Seine, depuis la
porte Saint-Bernard jusqu'au domaine de
Nesle; à l'est, par les portes Saint-Victor,
Saint-Marcel, Saint-Jacques et Saint-Michel;
enfin, à l'ouest, par les portes Saint-Germain, de Buci et de Nesle. Le collége, de-
vant être agrégé à l'Université, ne pouvait
être construit en dehors de ces limites.

2. Dès la première séance, Colbert avait
proposé d'établir le nouveau collége sur
l'emplacement du domaine de Nesle; mais

bourg et d'y installer le collége [1]; mais, ce projet ayant soulevé de nombreuses objections[2], on en adopta un autre. Il fut décidé que l'on construirait l'établissement sur un espace libre et inoccupé, tel que les fossés qui ser-

ce projet rencontra une vive opposition. On songea successivement à placer le collége sur un terrain situé rue d'Enfer, près du couvent des Chartreux; dans les bâtiments du collége du cardinal Lemoine, rue Saint-Victor; sur l'emplacement affecté au Jardin des Plantes; sur les ruines d'un pâté de maisons établies entre la rue de Sorbonne et la rue des Maçons; enfin, sur une petite place située entre le collége de Lisieux et l'église de Sainte-Geneviève.

1. La proposition émanait du duc de Mazarin. Le Luxembourg avait été constitué en dot à Marie de Médicis sur le prix de 1,800,000 livres; il fut plus tard cédé à la duchesse de Montpensier. En 1661, il venait d'être mis en vente, et on eût pu l'avoir pour 1,100,000 à 1,200,000 livres.

2. Louis XIV déclara que le palais étant « maison royale, » un collége ne pouvait y être établi.

vaient de défense à la ville près des
bords de la Seine, et que commandait
la tour dite de Nesle[1]. Là où s'éle-
vait alors cette tour, s'élève aujour-
d'hui le bâtiment qui renferme la bibliothèque[2]. Si l'on donna la préfé-

[1]. L'hôtel de Nesle faisait partie de l'en-
ceinte de Philippe-Auguste. En 1308, Amaury
de Nesle le vendit à Philippe le Bel. Devenu
la propriété de Philippe le Long, il passa à
Jeanne de Bourgogne sa femme, et c'est à
elle que la tradition attribue les crimes qui
ont rendu fameuse la tour de Nesle. Ce domaine échut successivement au roi Jean, à
Charles VII, au duc de Berry, à François II,
duc de Bretagne, au duc de Charolais, puis
à Henri II, sous qui le démembrement commença. La Maison de Nevers en acheta alors
une partie, qui appartint ensuite au duc de
Guénégaud. Voyez le célèbre plan de Paris
dit de Du Cerceau exécuté en 1560.

[2]. Le domaine de Nesle avait alors perdu
beaucoup de son étendue primitive : la
partie orientale subsistait presque seule.
Callot nous a conservé l'aspect que présentaient ces constructions à la fin du règne de
Louis XIII, et l'on peut consulter aussi le plan

rence à cet emplacement, ce fut surtout afin que de nouvelles constructions offrissent au vieux Louvre une
vue plus agréable. On choisit pour
diriger les travaux un architecte très-
habile et d'une grande réputation, le

de Gomboust, qui date de 1652, car aucune
modification n'eut lieu depuis cette époque
jusqu'au moment où les exécuteurs testamentaires de Mazarin se décidèrent à y faire
élever le collège. Le domaine de Nesle se
composait alors d'un édifice flanqué de
deux tours entre lesquelles s'ouvrait la
porte de la ville; on y arrivait à travers
le pré, très-large en cet endroit, par un
pont formé de quatre arches. La tour de
Nesle, située à quelques mètres et au nord
de cette porte, était ronde, très-élevée, et
accouplée à une seconde tour plus haute,
moins grosse, et qui contenait l'escalier à
vis. Le pavillon oriental de l'Institut marque
très-exactement l'endroit où se trouvait la
tour de Nesle, car la cage de l'escalier qui
conduit à la bibliothèque Mazarine a été
construite sur l'emplacement de la grande
porte.

sieur Le Vau[1]. De nombreux plans furent faits et proposés. Sur plusieurs d'entre eux, la place s'étendait au delà de ses limites actuelles ; elle formait un cercle parfait, orné à l'intérieur d'obélisques et de fontaines, et s'avançait davantage sur la Seine ; mais on ne voulut pas rétrécir ainsi le lit du fleuve[2]. Du reste, les parties de

1. Levau, architecte du roi, construisait alors la partie du Louvre située sur les jardins de l'Infante. Deux architectes de mérite, Lambert et d'Orbay, furent chargés, en sous-ordre, de diriger les travaux du collége. Un arrêté des exécuteurs testamentaires fixa à 3,000 livres les honoraires de Levau, qui devaient lui être payés « par chacun an, tant et sy longtemps qu'il seroit employé pour conduire et controller les bastiments de la fondation. » Lambert et d'Orbay recevaient seulement 1,200 livres.

2. Il fallut cependant, pour l'empêcher, une protestation du prévôt des marchands : « Il est à craindre, disait-il, que ceste ad-

l'édifice qui maintenant forment la place et la terminent présentent un ensemble si heureux et si charmant, qu'il excite l'admiration des Parisiens et des étrangers.

Par ordre des exécuteurs testamentaires, on commença les constructions en 1662 et elles furent terminées en 1673. Le collége ne fut cependant ouvert qu'au mois d'octobre 1688, après que toutes les mesures nécessaires eurent été prises [1].

uance venant à etrecir le canal de la Riuiere en cest endroit, uis-à-uis duquel la pluspart des batteaux sont à l'encre, ne porte preiudice à la navigation et au commerce, et que dans les grands desbordemens, lorsque les glaces viennent à rompre en hyuer, que les batteaux n'en soient endommagés, que le Louure mesme n'en reçoive des incommodités. »

1. Le 22 octobre 1674, les exécuteurs testamentaires présentèrent à l'Université

Personne n'ignore qu'en 1649, pendant la minorité si agitée de Louis XIV, un décret du Parlement de Paris ordonna que tous les biens du cardinal Mazarin, et spécialement ses livres, seraient mis aux enchères et adjugés au plus offrant. Mais, le lendemain, quoique la vente eût commencé, cette mesure fut révoquée. Très-peu de livres avaient été aliénés, et encore furent-ils, pour la plupart, restitués à l'Éminentissime cardinal.

une requête pour lui demander d'admettre dans son sein le nouveau collége. — Le 6 septembre 1684, le corps de Mazarin, qui avait été provisoirement déposé à Vincennes, fut transporté, en grande pompe, dans les caveaux qui s'étendent sous la chapelle du collége. Plus tard le mausolée du cardinal, chef-d'œuvre de Coysevox, fut placé au fond de la petite chapelle qui existait à droite du maître-autel, précisément à l'endroit où se trouve aujourd'hui la statue de Napoléon Ier.

Il est donc certain qu'il ne fut presque rien détourné de la magnifique et
excellente collection que l'Éminentissime cardinal avait réunie avec tant
de soins et de dépenses[1].

1. Ce paragraphe renferme de nombreuses erreurs. Par arrêt du 8 janvier 1649, le
Parlement enjoignit au cardinal de quitter
la France; ce fut le premier acte direct
d'hostilité dirigé contre lui. Le 25 janvier,
on ordonne la *saisie* de tous ses biens; le
16 février, un nouvel arrêt prononce la
*vente* de tous ses meubles,

> Excepté la Bibliotheque
> Qui demeure pour hypotheque
> A tous les sçauans de Paris,

dit un pamphlet du temps. Les enchères
commencèrent le 26 et allèrent fort lente-
ment. Le 11 mars, le traité de Rueil rétablit
l'harmonie entre la cour et le Parlement, et
Mazarin rentra à Paris. Il dut fuir encore le
6 février 1651, et un arrêt du 13 mars, con-
firmé le 29 décembre, ordonna la vente de
*tous* ses biens; celle des livres eut lieu en
janvier et février 1652, dans les conditions
les plus défavorables, sans annonces, sans
catalogue, par lots d'ouvrages réunis au ha-
sard et abandonnés sans examen au plus

2

Il avait eu recours, pour faire ces
acquisitions, au zèle et à l'intelligence
du médecin Gabriel Naudé[1], homme
très-versé dans la connaissance des
livres, et qui a fait preuve d'une rare
érudition dans ses différents ouvrages[2].

offrant. Il est également inexact de dire que
très-peu de livres avaient été vendus ; presque tous le furent au contraire, mais il est
très-vrai que, lors du retour définitif de
Mazarin, en février 1653, les ex-frondeurs,
redevenus courtisans, restituèrent sponta-
nément la plupart de ceux qu'ils avaient
achetés. Mazarin entreprit alors de consti-
tuer sa bibliothèque, et y réussit sans peine.

1. Gabriel Naudé fut d'abord bibliothécaire du président de Mesmes ; il le quitta
pour aller terminer en Italie ses études mé-
dicales. En 1633, il fut nommé médecin de
Louis XIII, titre purement honorifique. Il
devint ensuite bibliothécaire du cardinal
Bagni, puis du neveu du pape le cardinal
Antoine Barberini, et enfin du cardinal de
Richelieu. Dès 1642, Mazarin se l'attacha au
même titre. G. Naudé est le véritable créa-
teur de la bibliothèque Mazarine.

2. On trouve la liste complète des nom-

Le premier fonds de la bibliothèque
Mazarine fut fourni par l'achat des livres de M. Descordes, chanoine de
Limoges[1] ; le catalogue en a été publié
sous ce titre : *Bibliotheca Cordesiana* [2].

breux ouvrages de Naudé à la suite du *Tu-
mulus Naudœi*, qui fut publié en 1659 par
son ami le P. Louis Jacob.

1. Descordes mourut en janvier 1643. Il
avait commencé sa bibliothèque en achetant
celle du savant S. Dubois ; elle s'était rapidement augmentée, et Paris n'en comptait
guère alors de plus précieuse, car elle renfermait environ six mille volumes excel-
lents, relatifs surtout à la théologie et à
l'histoire. Descordes, voulant mettre ses livres à l'abri des dangers de la dispersion,
avait ordonné par testament qu'elle fût li-
vrée tout entière à un seul acheteur. Naudé,
qui avait été son ami intime, dressa aussitôt le catalogue de cette bibliothèque, et le
soumit à Mazarin, en le pressant de ne pas
laisser échapper une aussi belle collection.
Bien des acquéreurs se présentaient ; le cardinal offrit dix-neuf mille livres, elle lui fut
adjugée pour vingt-deux mille.

2. *Bibliothecæ Cordesianæ catalogus, cum*

On y ajouta de jour en jour les meilleurs livres manuscrits ou imprimés que l'on put trouver, tant en France, et surtout à Paris[1], qu'en

*indice titulorum,* Paris, Vitray, 1643, in-4; il est rédigé par ordre de matières, et, nous dit G. Patin, se vendait « quarante-cinq sols. » Il existe à la bibliothèque Mazarine un catalogue manuscrit, par ordre alphabétique, de la collection Descordes. Il porte en tête INDEX AUCTORUM; une main plus moderne a ajouté : *in catalogo bibliothecæ Cordesianæ contentorum,* 1643. Le titre des ouvrages n'y est pas indiqué, mais à la suite du nom de chaque auteur se trouvent des numéros qui renvoient aux pages du catalogue méthodique. Ce catalogue alphabétique était très-probablement destiné à faciliter le service de la bibliothèque. On a même eu l'intention de le faire imprimer, car au bas de la première page se trouve cette note aujourd'hui à demi effacée : *L'impression du catalogue, proposé in-12, caractère..., pourra se monter à deux cents francs, le papier compris.*

1. Pendant l'année 1643, Naudé acheta plus de six mille volumes chez les libraires de Paris. Il écrivait alors sur un registre de

Italie[1], en Espagne, en Portugal[2], en Allemagne[3], en Pologne, en Suède,

dépenses qui est conservé aujourd'hui à la bibliothèque Impériale (*manuscrits*, *fonds des catalogues*, n° 260): « A Cramoisy, libraire, pour livres in-folio, 5oo livres. — Au sieur Berthier, libraire en la rue Saint-Jacques, 7oo livres pour un Talmud hébreu en quatorze volumes. — Sur la fin de l'année 1643, j'achepte vingt-trois rames de livres en blanc du magasin de Fouet, à 3 liv. 20 sols la rame. »

1. Richelieu, passionné bibliophile, avait envoyé son bibliothécaire Jacques Gaffarel en Italie, et Jean Tileman Stella en Allemagne, avec mission d'y ramasser les meilleurs livres et les plus précieux manuscrits. Mazarin suivit cet exemple. Sur l'ordre de son maître, Naudé fit d'abord un court voyage en Flandres; puis, au mois d'avril 1645, il partit pour l'Italie; un an après, il revenait à Paris rapportant quatorze mille volumes.

2. Ceci est une erreur. Naudé, en effet, vers le milieu de 1647, résolut de visiter l'Espagne et le Portugal; mais les circonstances politiques s'opposèrent à son départ; lui-même nous dit, dans le *Mascurat*, qu'on lui refusa les passeports nécessaires.

3. La riche bibliothèque de Philipsbourg,

en Danemark et en Angleterre [1].
Toutes ces contrées furent, dans ce
but, visitées avec soin.

Lors de la mort de l'Éminentissime
cardinal, les livres imprimés étaient au
nombre de vingt-sept mille. Quant

dilapidée pendant les siéges qu'avait soute-
nus cette ville, était considérée comme
anéantie. Naudé pensa que ses débris com-
pléteraient fort bien les achats qu'il venait
de faire en Italie ; il avisa aux moyens de
s'en emparer. Mazarin entra dans les vues
de son bibliothécaire; il négocia avec les
évêques de Trèves et de Spire, et fut au-
torisé à enlever les livres qui pouvaient
exister encore dans cet établissement. Naudé
en emporta, c'est lui qui nous le dit, « une
assez grande voiture. » Il profita de l'occasion pour visiter en bibliophile plusieurs
villes d'Allemagne qui durent également lui
payer tribut, et revint par Lyon, où le ma-
réchal de Villeroy lui donna encore « sept
ou huict balles de livres » provenant de la
bibliothèque du cardinal de Tournon. Il ar-
riva enfin à Paris, au mois de janvier 1647,
avec quatre mille volumes.

1. Naudé n'alla ni en Pologne, ni ce

aux manuscrits, ils furent, par ordre du roi, transportés à la bibliothèque Royale [1], dont ils ne sont pas le moindre ornement ; ils ont été décrits dans le catalogue manuscrit du collége Mazarin et dans les œuvres imprimées du

Suède, ni en Danemark, mais il partit pour l'Angleterre aussitôt après son retour de l'Allemagne. Le commerce des livres commençait à y devenir considérable. Les catalogues de Robert Martine, de Legatt et de Thomasons, libraires établis à Londres entre 1633 et 1647, renfermaient un choix très-varié de livres en toutes langues. Nous ne savons combien ce voyage ajouta de volumes à la bibliothèque de Mazarin, mais M. Petit-Radel assure que l'on conserve encore en Angleterre les exemplaires des catalogues sur lesquels Naudé faisait son choix.

1. Colbert, exécuteur testamentaire de Mazarin, abusa de cette situation pour enrichir la bibliothèque du roi aux dépens de celle de son ancien maître. Il fit ordonner, par arrêt du 12 janvier 1688, que les ouvrages possédés en double par la bibliothèque du roi seraient échangés contre les manuscrits et des livres imprimés provenant de la

R. P. de Montfaucon[1]. Le prix de ces
manuscrits fut alors fixé à dix-huit
mille livres[2]; cette somme, placée sur

succession du cardinal. Trois catalogues furent aussitôt dressés. Le premier compre-
nait tous les manuscrits de la bibliothèque
Mazarine, le second tous les imprimés de
la même bibliothèque qui n'étaient pas
dans celle du roi, et le troisième les titres
des doubles que le roi offrait en échange. Le
14 mars suivant, Frédéric-Léonard et Sé-
bastien Mabre Cramoisy, imprimeurs ordi-
naires de Sa Majesté, firent leur estimation
sur ces trois catalogues.

1. *Bibliotheca bibliothecarum*, tom. II,
p. 1306.

2. Les manuscrits étaient au nombre de
2,156; ils furent estimés à 8 livres « l'un
portant l'autre, attendu qu'il y en a de petits et de peu de considération, » soit une
somme totale de 17,248 livres. Les volumes
imprimés dont le roi voulait s'emparer se
divisaient ainsi : 611 in-folio, 1595 in-
quarto, 1472 in-octavo et in-douze. Les in-
folio furent estimés 5 livres; les in-quarto
20 sols; les in-octavo et les in-douze,
8 sols; soit 5,238 livres pour la totalité. Les
doubles de la bibliothèque du roi se com-

l'hôtel de ville et les échevins, donnait un revenu annuel de neuf cents livres, qui est tombé aujourd'hui à quatre cent trente-trois à la suite de réductions successives[1]; il faut y ajouter une rente de mille livres léguée par l'Éminentissime cardinal[2]. Ce revenu

posaient de 944 in-folio, 966 in-quarto, 431 in-octavo et in-douze. Ils furent estimés beaucoup plus cher que ceux de Mazarin : le sin-folio, 8 livres; les in-quarto, 3o sols; les in-octavo et les in-douze, 12 sols; donc 4,020 livres de plus que ne produisaient les imprimés du cardinal. Mais le roi, « voulant donner l'avantage à la bibliothèque Mazarine, » décida que l'échange aurait lieu comme si les deux estimations eussent produit une somme égale. Enfin, un arrêt du 25 juin ordonna que les 17,248 livres, prix fixé pour les manuscrits, seraient payées aux exécuteurs testamentaires du cardinal.

1. Ce revenu n'était déjà plus que de 759 livres en 1690; il fut réduit à 431 livres 10 sols en 1792.

2. Mazarin n'affecta dans son testament aucun revenu spécial à la bibliothèque; les

de quatorze cent trente-trois livres a
permis d'augmenter beaucoup la bibliothèque, qui renferme maintenant
plus de quarante-cinq mille volumes.
Il en résulta que les salles devinrent
trop étroites pour renfermer la multi-
tude d'ouvrages dont la bibliothèque
s'était enrichie, et l'on dut penser, dès
lors, à agrandir l'espace qu'elle occupait. La disposition des lieux ne per-
mettant ni de l'allonger ni de l'élargir,
on résolut de prendre sur la hauteur
ce que l'on ne pouvait gagner en longueur ni en largeur. On changea donc
en un plafond ordinaire à forme plate
la voûte qui jusqu'alors surmontait la
galerie, et la salle se trouva ainsi sur-
élevée d'environ huit pieds dans tout

1,000 livres qu'elle touchait chaque année
étaient donc prises sur les fonds du collége,
auquel, comme on sait, Mazarin avait légué plus de 2 millions.

le pourtour intérieur. Au-dessus du point où s'arrêtaient auparavant les rayons, on établit un balcon formant saillie en dehors et qui s'étend tout autour de la galerie; il est soutenu par des colonnes de bois sculpté, et garni d'une balustrade d'élégante serrurerie; on y monte sans difficulté au moyen de degrés habilement dissimulés[1]. La bibliothèque put alors

1. Les belles boiseries que le cardinal avait fait exécuter pour sa bibliothèque furent transportées au collége; et, autant que le local le permit, on y copia les dispositions prises dans le palais Mazarin. Comme aujourd'hui, un corps avancé formant pupitre y régnait, à hauteur d'appui, sur toute la longueur des tablettes. Cinquante colonnes cannelées d'ordre corinthien supportaient un balcon auquel donnaient accès quatre escaliers pratiqués dans les quatre angles des premières tablettes; ces boiseries étaient l'objet de l'admiration générale; Sauval, qui les déclare « travaillées avec bien de la propreté, » nous apprend que la galerie de

contenir vingt mille volumes de plus.

Ces travaux, commencés pendant l'année 1740, furent achevés en 1741. Ils attirèrent les regards et excitèrent l'admiration de toutes les personnes capables de les juger [1].

Mazarin était quelquefois désignée sous le nom de *Bibliothèque des colonnes*. Lors du transport au collège, la hauteur de la salle étant limitée, il fallut supprimer ou la voûte ou le balcon, et ce dernier fut sacrifié.

1. Cette amélioration entraîna des dépenses assez importantes, et dont le détail nous a été conservé. Les mémoires des sieurs Furet et Didier, maîtres charpentiers, s'élevèrent à 6,805 liv. 11 s. 6 d.; le sieur Gilet, maître plombier, reçut 1,490 livres, et Dumas, maître maçon, 6,881 liv. 10 s. Les fournitures de serrureries faites par les sieurs Robert et Delabith furent payées 8,720 liv. 4 s., auxquelles il faut joindre 100 livres remises au sieur Mahon, marchand de fer. Huguet et Delcourt, menuisiers, réclamèrent 3,428 liv. 10 s. On donna au couvreur 1,912 liv. 1 s., et au tapissier 1,123 liv. 4 s. Les ouvrages de sculpture furent partagés entre deux artistes : le premier, M. Sloods, qui

Aucun lieu dans le monde ne jouit d'une plus belle vue que la bibliothèque Mazarine. La Seine coule à ses pieds ; elle a le Louvre en face ; d'un côté on découvre le Pont-Neuf, le palais de justice, les tours de l'église métropolitaine et ce qu'il y a de plus remarquable dans la ville ; de l'autre, le Pont-Royal, le jardin des Tuileries, les Champs-Élysées et tout ce que la campagne offre de plus charmant.

Ces agréments extérieurs toucheraient peu les personnes studieuses, si à l'élégance du local ne répondait

est qualifié de « dessignateur et sculpteur, » reçut 384 livres ; le second, M. Guinard, figure dans le compte pour 805 livres ; ce dernier s'était chargé de remettre en place les colonnes qui avaient dû être enlevées, et de réparer les chapiteaux endommagés.

le choix des livres, ce qui, dans toute
bibliothèque, est l'objet principal. Or,
la bibliothèque Mazarine ne laisse
assurément rien à désirer sur ce point.
Sans doute, en la dépouillant de ses
manuscrits on lui a causé un grand
dommage; mais, comme consolation,
il lui reste une riche collection d'éditions *princeps* [1] et des plus anciens livres

1. La bibliothèque Mazarine possède aujourd'hui environ treize cents incunables,
parmi lesquels figurent un grand nombre
d'éditions *princeps ;* voici les plus remar-
quables : Pline, *Historia naturalis*, Venise,
1469, in-folio. Jules César, *Opera*, Rome,
1469, in-folio. Servius, *Expositio in Vir-
gilium*, Rome, 1469, in-folio. Aulu-Gelle,
*Opera*, Rome, 1469, in-folio. Justin, *Historia*, Venise, 1470, in-4. Suétone, *De vitis
duodecim Cæsarum*, Rome, 1470, in-folio.
Tite-Live, *Opera*, Rome, 1470, in-folio. Mar-
tial, *Epigrammata*, Venise, 1470, in-4. Silius
Italicus, *De bello punico*, Rome, 1471, in-
folio. Ciceron, *Opera philosophica*, Paris,
1471, in-folio. Macrobe, *Opera*, Venise, 1472,

qui furent imprimés en France, en Italie, en Allemagne, etc.; M. Maittaire l'a très-bien et très-judicieusement reconnu dans le catalogue qu'il a donné des premières éditions. Il avait constaté par sa propre expérience quel secours peut offrir la bibliothèque Mazarine pour la composition d'un ouvrage de ce genre.

Non-seulement on y trouve toutes les richesses qui font l'ornement des

in-folio. Dante, *La comedia*, Foligno, 1472, in-folio. Varron, *De lingua latina*, Rome, 1472, in-folio. Plaute, *Comediæ*, Venise, 1472, in-folio. Ammien Marcellin, *Historia*, Rome, 1474, in-folio. Brunetto Latini, *Tesoro*, Trévise, 1474, in-folio. Sénèque, *Opera omnia moralia*, Naples, 1475, in-folio. Platina, *De vitis pontificum romanorum*, Venise, 1479, in-folio. *Anthologia epigrammatum græcorum*, Florence, 1494, in-4. R. Gaguin, *De gestis Francorum*, 1495, in-folio. Aristophane, *Comediæ*, Venise, 1498, in-folio. Aratus, *Phænomena*, Venise, 1499, in-folio.

autres bibliothèques, mais elle se distingue par la quantité de celles qu'elle seule possède. Ces livres, rapportés pour elle de différentes contrées par M. Naudé, comme nous l'avons dit, ont une immense valeur : tels sont les ouvrages de médecine, qu'on ne rencontre nulle part plus nombreux et mieux choisis, ou encore ceux qui ont pour objet l'histoire de l'Allemagne.

Cette bibliothèque est ouverte à toutes les personnes studieuses deux jours par semaine : le lundi et le jeudi, de huit à dix heures du matin, et le soir depuis deux heures jusqu'à quatre heures en hiver et cinq heures en été[1].

1. Dès 1643, sous Naudé, la bibliothèque de Mazarin était publique le jeudi de huit à onze heures du matin et de deux à cinq heures du soir. Le cardinal ne précisa rien sur ce point dans son testament; on y lit : « Veut son Eminence que ladite

Le bibliothécaire de la bibliothèque
Mazarine est élu par la Société de
Sorbonne, à la majorité des voix, et
choisi parmi les *socii*[1]. Il a pour ad-

Bibliotheque soit ouverte à tous les gens
de Lettres deux fois par chacune semaine, à
tel jour qu'il sera avisé par les quatre In-
specteurs et par le Grand-Maistre dudit
College. » On choisit les jours qu'indi-
que Desmarais, et cette organisation sub-
sista jusqu'en 1799. A cette date, la bibliothèque commença à ouvrir ses portes tous
les jours de midi à deux heures, « excepté
les quintidis et décadis. » Dès 1801, le
jeudi seul fut réservé aux « travaux inté-
rieurs. » Enfin, aux termes de l'ordonnance
du 23 novembre 1830, la bibliothèque dut
rester ouverte tous les jours de dix à trois
heures.

1. Les Sorbonistes étaient divisés en
deux classes : les hôtes et les associés, les
*hospites* et les *socii*. Les *hospites* trouvaient
dans la Maison tous les moyens de s'instruire, mais ne prenaient aucune part à son
administration; ils pouvaient étudier dans la
bibliothèque, mais n'en avaient point la clef;
ils devaient quitter l'établissement dès qu'ils
étaient parvenus au grade de docteur, et

joints un sous-bibliothécaire et deux
serviteurs de la bibliothèque qu'il peut
nommer et destituer, ainsi que des
lettres patentes lui en donnent le
droit[1].

n'avaient droit qu'au titre de *Bachelier* ou
de *Docteur de la Maison de Sorbonne*. —
Les *socii* s'intitulaient *Bacheliers* ou *Docteurs de la Maison et Société de Sorbonne ;*
tout dans le collége était géré par eux, mais,
quels que fussent leur âge ou leur grade
universitaire, l'égalité la plus absolue régnait entre eux : *omnes sumus sicut socii* et
*œquales*, disaient les anciens Sorbonistes.
Les *socii* qui étaient riches payaient à l'établissement une somme égale à celle que
recevaient les *socii* pauvres ou *socii bursales*. Dès l'origine, les *socii* furent au nombre de trente-six; chacun avait sa chambre
ou son petit logement, et, comme on le
voit par le registre du Procureur, son couvert d'argent, dû à la libéralité du fondateur.

1. « A l'égard de la Bibliotheque, il y
aura un Bibliothecaire qui sera nommé
par les douze anciens Docteurs de la Maison et Société de Sorbonne y demeurans,
un Sous-Bibliothecaire, et deux serviteurs

Depuis l'année 1688, époque où furent ouverts le collége et la bibliothèque, on compte quatre bibliothécaires, savoir : Louis Piques, qui exerça jusqu'au 12 avril 1695 [1]; Pierre Coulau [2], jusqu'au 28 novembre 1708 ;

de la Bibliotheque; lesquels Sous-Bibliothecaire et serviteurs seront choisis par le Bibliothecaire, qui en demeurera responsable. » *Testament de Maʒarin.* — Les lettres patentes de 1688 (article 32) confirment cette disposition.

1. Il se démit volontairement de sa charge, et une pension de quinze cents livres lui fut accordée.

2. Il a laissé quelques ouvrages. D. Maichel lui attribue une dissertation *De utilitate bibliothecarum* qu'il nous a été impossible de rencontrer; il veut certainement désigner l'ouvrage suivant : *De librorum et scientiarum optimo usu, parænetica oratio ad literatos ut publicam Maʒarineam Bibliothecam frequentius invisant, ab ejusdem bibliothecæ præfecto, cum ad hanc recens accessisset habita, XVI kal. Jan. an.* M.DC.XCVI, in-4 de 38 pages; nous avons re-

Jean-Baptiste Quinot, jusqu'au 14 août 1722, et Pierre Des Marais, jusqu'à la présente année 1751[1].

Il y a eu trois sous-bibliothécaires : D. Baillet, frère de l'illustre écrivain Adrien Baillet[2]; Pierre de Francastel, qui resta en charge jusqu'au 25 juillet 1733, et Marc-Antoine de la Forgue, jusqu'à cette année 1751[3].

trouvé à la bibliothèque Mazarine vingt exemplaires encore empaquetés de cette brochure.

1. Ses successeurs, jusqu'à l'époque actuelle, ont été : Jacques Vermond, nommé en février 1760; l'abbé Hooke, en avril 1778; l'abbé Leblond, en mai 1791; Coquille des Longchamps en 1806; Ch. Palissot, en 1808; Petit-Radel, en juin 1814; de Feletz, en août 1836; Silvestre de Sacy, en décembre 1848.

2. Ce dernier avait été bibliothécaire de M. de Lamoignon.

3. De la Forgue resta en fonctions jusqu'en 1767. Il eut pour successeurs : Berthier, nommé en 1767; Molé en 1768, et l'abbé Leblond en 1770.

Avec le temps, les livres avaient été tellement déplacés que l'on trouvait confondus sur une même tablette des ouvrages traitant de matières tout à fait différentes. Il était donc nécessaire de les remettre en ordre, et c'est ce que j'entrepris en l'année 1741, après l'achèvement des réparations faites à la bibliothèque.

J'ai été élu bibliothécaire, de préférence à bien d'autres que leur âge et leur savoir, leur travail et l'estime dont ils jouissaient rendaient plus dignes de ces fonctions. J'ai fait tout ce qui dépendait de moi, sinon pour me montrer à la hauteur d'un tel honneur et d'un poste si éminent, du moins pour remplir convenablement les obligations qu'ils m'imposaient; et, dans ce but, par un travail assidu et continuel, j'ai entrepris de

classer les livres de manière à per-
mettre aux hommes studieux d'en ti-
rer sans aucune peine le plus de fruit
possible.

La bibliothèque possédait alors
deux catalogues : l'un était disposé
par ordre alphabétique, l'autre suivant le rang qu'occupaient les volumes sur les rayons. Celui-ci était
moins un catalogue qu'une descrip-
tion confuse et sans ordre. L'autre
était un exemplaire du catalogue
de la bibliothèque Bodleïenne ; entre
les pages imprimées on avait placé
des feuillets de papier blanc destinés
à recevoir les titres des ouvrages exis-
tant à la bibliothèque Mazarine et qui
ne figuraient point dans le catalogue
de la Bodleïenne [1]. La plupart des

1. Th. Hyde, *Catalogus impressorum li-*
*brorum bibliothecæ Bodlejanæ in academia*

livres de la bibliothèque n'existaient
pas sur ce catalogue, les autres
étaient inscrits sottement : ou les titres étaient mal reproduits, ou l'année de l'édition mal indiquée. Je me
persuadai qu'il était de mon devoir
de me consacrer tout entier à la ré-
daction d'un catalogue dont la bibliothèque avait si grand besoin ; j'é-
tais convaincu, en outre, que deux
catalogues où les livres seraient fidè-
lement inscrits, dans l'un suivant
l'ordre alphabétique, dans l'autre suivant l'ordre des matières, offriraient
un immense secours aux hommes
studieux. Avant d'entreprendre cet
immense et presque inimaginable

*Oxoniensi*, Oxonii, 1674, 2 vol. in-folio.
L'exemplaire interfolié dont on se servait
alors existe encore à la bibliothèque Mazarine, *manuscrits*, n° 3124 et A-G.

travail, je réfléchis aux moyens à em-
ployer pour le mener à bien, et mes
méditations m'inspirèrent cette pensée,
qu'il ne serait pas impossible de par-
venir à rédiger le catalogue de toutes
les matières que renferment les livres des plus grandes bibliothèques
de la ville de Paris. Je communiquai
mon idée au très-illustre abbé Bignon, alors bibliothécaire de la bibliothèque du Roi[1]. Voici quel était
mon projet : Tous les bibliothécaires
de Paris se réuniraient, et chacun
d'eux se chargerait de ce qui concerne
une des sciences; on conviendrait, par
exemple, que la bibliothèque du Roi[2]

1. Armand-Jérôme Bignon, qui conserva
cette position de 1741 à 1772.

2. Le premier fonds de la bibliothèque
du roi se composa d'une dizaine de volumes
que le roi Jean légua à son successeur
Charles V. Celui-ci les installa dans une

donnerait la liste de tous ceux de ses
livres qui ont rapport à l'histoire, la

des tours du Louvre, qui fut dès lors appelée *Tour de la Librairie,* et en éleva
le nombre jusqu'à 910; le catalogue fut
dressé en 1373 par Gilles Malet. Cette collection resta à peu près stationnaire jusqu'à
Charles VI; puis le duc de Bedford, maître
de Paris, s'en empara et l'expédia en Angleterre. Reconstituée par Louis XI et
Charles VIII, elle fut transportée au châ-
teau de Blois par Louis XII. Sous François Ier elle renfermait environ 1,900 volumes qui furent installés à Fontaine -
bleau. Elle revint à Paris peu de temps
avant les troubles de la Ligue, mais on ne
sait dans quelle rue elle fut alors placée.
Henri IV l'établit au collége de Clermont
(lycée Louis-le-Grand), devenu libre par
l'expulsion des jésuites. A leur retour, on
la déposa au couvent des Cordeliers (rue de
l'École-de-Médecine), d'où elle passa rue de
la Harpe, dans un grand bâtiment situé au-
dessus de l'église Saint-Côme. (Voyez les
plans de Berey, de Jouvin de Rochefort et
de Gomboust.) Colbert la transféra ensuite
rue Vivienne, dans deux maisons qui lui
appartenaient et étaient contiguës à son
hôtel. (Voyez le plan de Lacaille et celui de
Jaillot.) Elle fut installée en 1721 dans les

bibliothèque des Avocats[1] agirait de
même pour la jurisprudence, la bibliothèque de Sorbonne[2] pour la théo-

bâtiments qu'elle occupe aujourd'hui. (Voyez
le plan de Turgot.) La bibliothèque du roi
renfermait 1,544 volumes sous Louis XII,
6,000 sous Louis XIII, 17,000 en 1661,
30,000 en 1669, 43,000 en 1688, 70,000
en 1715, 96,000 en 1721, 153,000 en 1790,
450,000 en 1795; elle en possède aujour-
d'hui près de 2 millions.

1. L'avocat Etienne Gabriau de Ripar-
fonds légua, en 1704, tous ses livres à ses
confrères de Paris, « désirant, dit-il dans son
testament, qu'ils fussent conservés pour
servir au public, et en particulier à ceux de
sa profession, et autres personnes qui n'ont
pas tous les secours nécessaires pour se ren-
dre capables. » Après plusieurs années de
recherches infructueuses, cette bibliothèque
fut installée dans un des pavillons de la
première cour de l'archevêché ; l'ouverture
eut lieu en 1708 avec une grande solen-
nité.

2. Le premier fonds de cette bibliothèque fut fourni, au milieu du XIIIᵉ siècle,
par Robert de Sorbon, fondateur de l'établissement. Elle s'augmenta rapidement ,

logic, la bibliothèque de Saint-Victor [1]
pour la littérature, la bibliothèque de
Saint-Germain [2] pour la philosophie,

car dès 1290 elle possédait 1,017 volumes,
et dès 1321 un règlement très-sage et très-
complet. En 1660, la Sorbonne parvint à
se faire attribuer la bibliothèque de Richelieu, et se trouva ainsi plus que doublée;
peu d'années auparavant, Michel le Masle,
secrétaire du cardinal, lui avait déjà légué
tous ses livres. Elle possédait au moment de
la Révolution 2,199 manuscrits et 25,367
imprimés.

1. Cette bibliothèque, contemporaine de
l'abbaye, datait du XIIe siècle, et, quoi
qu'en ait dit Rabelais, était déjà fort riche
et fort précieuse au XVe. En 1652, Henri
du Bouchet, conseiller au Parlement de
Paris, lui légua tous ses livres, à la con-
dition qu'elle serait désormais ouverte au
public; cinquante ans plus tard, l'académi-
cien L. Cousin lui fit une libéralité de la
même nature et accompagnée de la même
clause. En 1790, la bibliothèque de Saint-
Victor, qui était publique les lundis, mer-
credis et samedis, renfermait environ 2,000
manuscrits et 40,000 imprimés.

2. La plus précieuse de toutes les biblio-

la bibliothèque Mazarine pour la médecine. Mais il y a encore des bibliothèques, celles de Sainte-Geneviève[1],

thèques de Paris. Commencée avant le
Xe siècle, elle fut détruite par les Nor-
mands, puis reconstituée. Le jurisconsulte
J. Dartis, le géographe Baudrand, Jean
d'Estrées, archevêque de Cambrai, l'acadé-
micien Eusèbe Renaudot, le duc de Cois-
lin, le cardinal de Gesvres et Achille de
Harlay furent ses principaux bienfaiteurs.
Par suite d'une clause formelle, insérée
dans le testament du cardinal de Gesvres,
elle devint publique en 1745, et ouvrait tous
les jours de neuf à onze heures du matin, et
de trois à cinq heures du soir. Elle renfermait
40,000 volumes imprimés et 7,000 manuscrits d'une valeur inestimable, quand un
incendie, qui se déclara dans la nuit du
19 août 1794, faillit l'anéantir; presque
tous les manuscrits purent heureusement
être sauvés, et furent transportés à la bibliothèque nationale, où ils sont encore conservés.

1. Elle date du XIIIe siècle, mais les volumes qui la composaient furent vendus peu
à peu, et il n'en restait plus un seul au
XVIIe siècle. Le cardinal de la Rochefou-
cault, secondé par le P. Fronteau, entreprit

de l'Oratoire[1], de la Doctrine chrétienne[2], des Augustins de la place des

de la reconstituer; elle n'eut cependant une
véritable importance qu'au siècle suivant,
après le legs de l'archevêque de Reims Le
Tellier, qui lui laissa 17,000 volumes. Elle
devint publique vers 1759. On sait qu'elle
dut abandonner en 1842 l'admirable local
qu'elle occupait dans les anciens bâtiments
de l'abbaye. On lui attribue aujourd'hui
150,000 imprimés et 5,000 manuscrits.

1. Le cardinal de Berulle la commença
dès que la congrégation de l'Oratoire fut
définitivement installée à Paris. De nombreuses donations l'enrichirent avec rapi-
dité, et en 1789 bien peu de collections
l'emportaient sur elle pour le nombre et
l'importance des ouvrages en langues orien-
tales.

2. La congrégation de la Doctrine chrétienne fut instituée en 1652; elle eut aussitôt une bibliothèque, mais qui n'acquit
quelque notoriété qu'en 1705. A cette
époque, J. Miron, docteur de Navarre, lui
légua sa bibliothèque et un capital de
20,000 livres; mais il exigeait que la collection fût mise à la disposition du public.
Cette clause ne fut exécutée qu'en 1718.

Victoires [1], de Soubise [2], et bien d'autres qui ne manquent ni de célébrité, ni de valeur. Pour abréger la tâche des bibliothécaires dont nous avons parlé, on pourrait diviser chaque science en plusieurs parties, qui seraient confiées à autant d'aides ; ce partage diminuerait de beaucoup le travail de celui qui serait chargé d'une science entière. Ceci une fois établi, chaque bibliothécaire relèverait les titres des livres de sa bi-

Au moment de la Révolution, la bibliothèque de la Doctrine chrétienne possédait environ 20,000 volumes, et était ouverte le mardi et le vendredi.

1. Elle datait du milieu du XVIIᵉ siècle, et en 1682 un sieur le Croux de la Bretonnière lui avait légué 20,000 volumes. En 1790 elle en possédait le double.

2. En 1706, le cardinal de Rohan-Soubise avait acheté moyennant 36,000 livres à M. de Ménars l'incomparable collection qu'avait

bliothèque. Mais une quantité in-
nombrable d'ouvrages sont communs
à toutes ces collections, et ce serait
imposer par trop de travail et de peine
à chaque bibliothécaire que de le for-
cer à examiner tous les livres de sa
bibliothèque; avant de se mettre à
l'œuvre, les bibliothécaires se com-
muniqueraient donc par écrit les
noms des auteurs dont ils adopte-
raient l'examen, et chacun d'eux serait ainsi dispensé de la besogne
qu'un autre aurait acceptée. Divisée
entre plusieurs personnes, la tâche
cesse d'être immense; du moment où
le bibliothécaire à qui l'histoire est
échue aurait reçu les titres des ouvrages

réunie le président J. A. de Thou. En 1751,
cette bibliothèque occupait le rez-de-chaus-
sée du bel hôtel où sont aujourd'hui con-
servées les Archives de l'empire.

qui traitent de cette science, et que
de son côté il aurait fourni la liste de
ceux qui concernent les autres sujets
ou les autres matières, on posséderait
enfin un catalogue général et raisonné
des livres de toutes les bibliothèques
de cette ville. Il serait facile d'indi-
quer, au moyen de quelques lettres,
que tel ou tel livre existe dans telle ou
telle bibliothèque ; ainsi, les ouvrages
qui se trouvent à la bibliothèque du
Roi seraient accompagnés des lettres
*B. R*, et ceux de la bibliothèque Mazarine des lettres *B. M*. Grâce à ce
catalogue, on n'irait dès lors plus demander en vain à une bibliothèque
des livres qu'elle ne possède point.
J'ajoute que l'Italie, l'Espagne, l'Angleterre, l'Allemagne, etc., concour-
raient volontiers à un catalogue fait
dans ces conditions ; on arriverait

donc à avoir la liste complète de tous les ouvrages publiés sur chaque matière ; résultat sinon nécessaire, du moins fort utile, et qui, s'il n'est pas obtenu de notre temps, deviendra chaque jour plus difficile, pour ne pas dire impossible à atteindre.

Mon projet n'ayant point été adopté, je m'en suis tenu à la bibliothèque Mazarine. Non-seulement j'ai relevé les titres de tous les livres dont elle se compose, mais de plus j'ai parcouru tous les volumes sans exception, et cet examen m'a permis de terminer un catalogue rédigé par ordre de matières, au moins pour tout ce qui concerne l'histoire [1], celle des sciences, qui

1. Ce catalogue forme cinq volumes in-folio, sans titre ; il est conservé à la bibliothèque Mazarine, parmi les manuscrits, sous le n° 1943 et A-D.

4

embrasse le plus grand nombre de volumes. Sans doute il serait à souhaiter que toutes les divisions des autres sciences fussent classées dans le même ordre et ajoutées à ce catalogue; je pourrai compléter mon œuvre si le temps et les forces ne me font défaut; mais mon âge déjà avancé et le mauvais état de ma santé ne me permettent guère de l'espérer, et j'exhorte autant qu'il est en moi mes successeurs à achever eux-mêmes le travail que j'ai commencé. Ils y rencontreront d'autant moins de difficulté, qu'il ne s'agit plus que de ranger par ordre de matières les titres qui ont été déjà tous relevés et transcrits sur des cartes.

J'ai interrompu ce travail pour m'occuper du catalogue alphabétique, qui me paraissait presser davantage,

et auquel, Dieu aidant, je mettrai
bientôt la dernière main. Ce catalogue
forme à lui seul trente-huit volumes
in-folio ; on comprendra facilement
pourquoi il est aussi considérable,
si l'on examine avec attention le plan
que j'ai suivi. A mon avis, la grande
préoccupation d'un bibliothécaire, et
spécialement de celui qui est à la tête
d'une bibliothèque publique, doit être
de fournir aux personnes qui se présentent les ouvrages qu'elles désirent ;
il n'est pas rare, je le sais par ma
propre expérience, qu'un bibliothécaire ne puisse pas remettre à ceux
qui les demandent des ouvrages exis-
tant à la bibliothèque, parce qu'il ne
sait où les trouver. La plupart de ces
ouvrages font partie de collections ; les
autres sont placés soit au commencement, soit à la fin de quelque travail

d'un autre auteur qui traite un sujet tout différent. Or, qui est doué d'une mémoire assez fidèle pour ne pas risquer d'oublier que tel ou tel ouvrage de tel ou tel auteur est inséré dans les collections de Grævius[1], de Gronovius[2], de Duchesne[3], de Muratori[4], de la Bibliothèque des Pères[5], et de tant d'autres? J'ai donc pensé qu'il fallait examiner ces collections, et reproduire sous le nom de chaque au-

1. *Thesaurus antiquitatum romanarum*, Utrecht, 1694-1699, 12 vol. in-folio.

2. *Thesaurus antiquitatum græcarum*, Leyde, 1697-1702, 12 vol. in-folio.

3. *Historiæ Francorum scriptores*, Paris, 1636-1649, 5 vol. in-folio.

4. *Rerum italicarum scriptores*, Milan, 1723-1738, 27 vol. in-folio.

5. *Bibliotheca veterum Patrum et antiquorum scriptorum ecclesiasticorum*, Lyon, 1677, 27 vol. in-folio.

teur les titres de ceux de ses ouvrages
qui font partie de ces divers recueils.
Bien plus, j'ai appris par moi-même
que dans un grand nombre de volumes, qui ne sont pourtant pas des
recueils, on rencontre des disserta-
tions et des opuscules de quelques
pages. dits pièces fugitives, qui sont
l'œuvre de divers auteurs ; même en
les cherchant, on aurait bien de la
peine à les découvrir. Afin de pou-
voir les trouver au gré des lecteurs,
j'ai examiné et feuilleté tous les livres
de la bibliothèque Mazarine, et j'ai
rétabli, sous le nom du véritable auteur placé à son rang alphabétique, le
titre des opuscules disséminés dans
différents volumes avec les œuvres
d'autres écrivains. Voici, en premier
lieu, pourquoi les volumes de ce catalogue se sont tant multipliés ; j'ai

la ferme espérance que les lecteurs ne s'en plaindront point.

Je me persuadai en outre qu'un catalogue fait avec grand soin pourrait être rendu encore plus utile si on y joignait soit des notes sur les ouvrages qu'il renferme, soit des détails sur la carrière littéraire des auteurs. Pour obtenir ce résultat, il me sembla que je ferais une chose précieuse si je plaçais dans l'ordre alphabétique, outre les noms des auteurs, ceux de leurs éditeurs, de leurs commentateurs, de leurs traducteurs, en un mot ceux de tous les écrivains qui se sont occupés d'un auteur. C'est ce que j'ai entrepris dans le catalogue terminé dont j'ai parlé plus haut. Ainsi, par exemple, on trouve sous le nom de *Baluze* tous les livres dont il est l'éditeur, sous le nom de *Vossius* la liste de tous ceux qu'il a commentés, sous le nom de *Marolles* l'énumération des ouvrages qu'il a traduits, et ainsi de suite pour tous les autres éditeurs, commentateurs et traducteurs dont les livres existent à notre bibliothèque Mazarine.

Les vies des hommes illustres, les oraisons funèbres, les satires, les écrits publiés pour ou contre diverses personnes, n'ont pas peu contribué à augmenter le nombre des volumes de notre catalogue. J'ai cru, en effet, que, pour atteindre le but que je m'é-tais proposé, ce n'était pas assez de citer les auteurs des différents ou-vrages, mais qu'il fallait encore men-tionner à leur ordre alphabétique les personnes dont il est parlé soit dans le cours du récit, soit à la fin, pour les louer ou pour les blâmer. Ce travail a

l'avantage de soulager la mémoire,
puis de faciliter la recherche des bio-
graphies, des oraisons funèbres, etc.,
des hommes illustres, car il fournit un
double moyen de les découvrir : on
peut chercher soit le nom de l'écrivain,
soit celui de la personne à l'occasion
de qui l'écrit a été composé.

On voit maintenant pourquoi, à
lui seul, le catalogue alphabétique
d'une bibliothèque nombreuse, mais
non immense, n'a pu être réduit à un
moins grand nombre de volumes in-
folio. Je n'ai pas à parler des diffi-
cultés qu'il a fallu vaincre pour mener cette œuvre à bonne fin. Mon
unique but et mon unique désir
étaient d'être utile à tous; je me re-
garde comme assez récompensé si j'ai
rendu la science plus accessible aux
hommes de lettres.

Exposons maintenant le plan que nous avons adopté dans ce catalogue et la marche à suivre pour y trouver les livres que l'on désire.

Il est évident, à première vue, que tous les auteurs y sont classés par ordre alphabétique. Il faut donc, avant tout, chercher les noms, ou plutôt les surnoms. Ainsi, *Denis Pétau* n'est pas inscrit sous le nom de *Denis*, mais sous celui de *Pétau*. Il y a, je le sais, des catalogues qui indiquent les auteurs par leur nom de baptême, mais ils seraient beaucoup plus utiles s'ils les avaient rangés sous leur nom de famille.

Les religieux appartenant à certains ordres, tels que les Capucins, les Récollets, les Carmes déchaussés et bien d'autres, abandonnent leur nom de famille, et ne sont plus connus que sous celui du saint qu'ils ont choisi pour patron : ces auteurs doivent être cherchés aux noms de ces différents saints. Par exemple, le capucin *Chérubin d'Orléans* se trouvera au mot *Chérubin*, et non au mot *d'Orléans*. Il n'en serait pas de même si le religieux portait le nom de deux saints : il faut alors chercher le nom du second. Ainsi le carme *Honoré de Sainte-Marie* n'est point inscrit sous le nom *d'Honoré*, mais sous celui de *Sainte-Marie*, que nous regardons comme son surnom ou son nom de famille.

J'ai vu qu'un grand nombre de bibliothécaires avaient classé les rabbins d'après leur premier nom, et j'ai suivi cet exemple. Il faut donc chercher le rabbin *David Kimhi* au mot *David* et non au mot *Kimhi*, *Moïse Maimonides* au mot *Moïse* et non au mot *Maimonides*; cette observation est d'autant plus importante qu'elle modifie la classification partout suivie dans le catalogue.

Plusieurs personnages portent, pour noms de famille, des noms de saints ou de saintes, comme *Louis de Saint-Amour*, *Pierre de Saint-André*, *Charles de Sainte-Maure* : il faut les chercher à la lettre S, c'est-à-dire aux noms *Saint-Amour*, *Saint-André*, *Sainte-Maure*, et non aux mots *Amour*, *André*, *Maure*.

On n'agira pas de même pour les noms qui sont précédés des articles *de*, *du*, *des*, *le*, *la*, *les*; on les cherchera au nom, sans tenir compte de l'article : ainsi les noms *de Crouzas*, *du Bois*, *des Portes*, *le Blanc*, *la Grue*, etc., se trouveront, dans l'ordre alphabétique, aux mots *Crouzas*, *Bois*, *Portes*, *Blanc*, *Grue*, etc.

Quant aux ouvrages anonymes, dont

il eût été aussi pénible qu'infructueux
de chercher les auteurs, j'ai pris pour
base de classement la matière dont ils
traitent, et j'en ai transcrit le nom
dans l'ordre alphabétique, à la place
de celui de l'auteur. Au mot *Peste*, par
exemple, figure le traité *De peste*, dont
on ignore l'auteur ; au mot *Rome* l'o-
puscule *Super urbe Roma*, dont l'auteur
est inconnu ; et ainsi de suite pour
tous les ouvrages anonymes.

Nous avons suivi la même voie à
l'égard des ouvrages publiés pour ou
contre les hérésies et les hérétiques, et
qui ne portent pas de nom d'auteur.
On trouvera donc au mot *Calvin* les
livres favorables ou hostiles au Cal-
vinisme, au mot *Luther* ceux qui
défendent ou attaquent le Luthéra-
nisme, au mot *Jansenius* les apologis-
tes ou les adversaires du Jansénisme.

Ceci ne s'applique d'ailleurs qu'aux ouvrages anonymes, car les autres sont inscrits dans l'ordre alphabétique au nom de leur auteur. Il faut donc chercher au mot *Bossuet*, au mot *Nicole*, tout ce que ces écrivains ont publié contre les Calvinistes, etc.

Outre les ouvrages anonymes, il y en a un grand nombre d'autres que nous avons cru devoir classer sous le titre de la matière principale dont ils traitent. Tels sont les FASTES ou ALMANACHS, les APOLOGIES, les ARRÊTS, les BIBLES, les BRÉVIAIRES, les CALENDRIERS, les CÉRÉMONIAUX, les CHRONIQUES, les CONCILES, les CONCORDANCES des livres saints, les CONFESSIONS DE FOI, les CONSTITUTIONS des papes, les COUTUMES locales, les HARANGUES, les DÉCLARATIONS des princes, les DÉCRETS synodaux, les PLAIDOYERS, les

DIALOGUES, les DICTIONNAIRES, les ÉDITS,
les ÉPITRES, les PIÈCES judiciaires ou
FACTUMS, les LETTRES, les LEXIQUES,
les MANDEMENTS épiscopaux, les MIS-
SELS, les ORAISONS FUNÈBRES et autres,
les écrits PHARMACEUTIQUES, les RI-
TUELS, les SENTENCES judiciaires, les
STATUTS synodaux, les SYNODES, etc.

Voici en quelques lignes l'ordre
que nous avons adopté relativement à
ces divers sujets.

Au mot ALMANACH, on trouvera,
rangés dans l'ordre chronologique,
tous ceux que possède notre bibliothèque ; ils figurent également aux
noms des auteurs qui les ont publiés.

Les diverses APOLOGIES sont placées et cataloguées au nom de ceux
qui les ont composées, et au nom de

ceux en l'honneur de qui elles ont été écrites [1].

Bien que toutes les BIBLES soient indiquées au mot *Biblia*[2], on les rencontrera encore au nom de leurs différents éditeurs, traducteurs ou commentateurs.

[1]. Quand elles sont anonymes et n'ont pas pour objet un personnage déterminé, on les trouve au mot *Apologia*.

[2]. Elles sont classées dans l'ordre alphabétique des idiomes :

   Biblia æthiopica,
    —  anglica,
    —  arabica,
    —  belgica,
    —  croatica,
    —  danica,
    —  finica,
    —  gallica,
    —  germanica,
    —  græca,
    —  hebraïca,
    —  helvetica,
    —  hispanica,
   . . . . . . . . .

Les Bréviaires sont inscrits à ce
mot[1], et classés dans l'ordre alphabétique des Églises auxquelles ils sont
destinés ; ainsi le bréviaire à l'usage
de l'Église de Paris précédera celui
qui est rédigé à l'usage de Rome[2].

Tous les Calendriers figurent à ce
mot[3].

1. Au mot *Breviaria*.

2. Breviarium æduense,
 —  appamiense,
 —  aptense,
 —  aquense,
 —  arelatense,

 . . . . . . . . . .

On a fait figurer dans cette liste alphabétique les ouvrages publiés sous le titre de *Bréviaires* et qui ne se rapportent point à une
Église : *Le Bréviaire des amoureux, ou Ta-
bleaux du tableau d'amour*, Rouen, 1615,
in-12.

3. Le titre général est *Calendarium ;*
l'article se subdivise ainsi :

*Calendaria vetera.*

Il en est de même des Cérémoniaux [1].

Nous avons inscrit au mot Chroniques toutes celles qui existent à
notre bibliothèque, afin d'en fournir
la liste ; elles sont rangées par ordre alphabétique [2]. Mais on peut les
trouver également au nom de leurs
auteurs.

Au mot Conciles [3] on rencontrera
tous les conciles, les synodes, les dé-

*Calendarium gregorianum et tractatus
anonymi ad istud spectantes.*
*Cætera calendaria, primum latina, deinde
gallica, etc.*

1. Au mot *Ceremoniæ.*

2. Cet article, qui occupe 196 pages, est
ainsi divisé :
*Chronica generalia, ordine chronologico
disposita.*
*Chronica particularia, ordine alphabetico
regnorum, provinciarum, urbium, regum,
principum, etc., disposita.*

3. Au mot *Concilia.*

crets synodaux, etc. Les conciles sont classés suivant l'ordre alphabétique; il ne faut donc pas les chercher au nom des provinces ou des villes où ils ont été tenus[1].

Les CONCORDANCES de la Bible, quand elles ne portent pas de nom d'auteur, sont inscrites au mot *Concordantiæ*.

De même, les CONFESSIONS DE FOI anonymes sont placées au mot *Confessio*. Ainsi, *Confessio Augustana*, **V.** *Confessio*. Ce signe **V.** signifie Voyez *Confessio*.

Les CONSTITUTIONS des souverains pontifes, leurs brefs, leurs lettres et leurs autres œuvres sont catalogués

1. Ce chapitre comprend trois paragraphes :
*Collectio conciliorum et de conciliis in genere.*
*Concilia ordine alphabetico disposita.*
*Synodi hæreticorum.*

sous le nom de leur auteur; la constitution *Unigenitus*, par exemple, au nom
de Clément XI, et point aux mots
*Constitution* ou *Unigenitus*, et ainsi de
suite pour toutes les autres.

Au mot Coutumes [1], on verra toutes
celles des royaumes, des provinces,
des villes; mais elles y sont disposées
de telle manière qu'on puisse les re-
trouver au nom des auteurs, des éditeurs, des commentateurs et des anno-
tateurs.

Les Déclarations des princes sont
placées au mot *Arresta* [2].

Les Décrets synodaux sont ins-

1. L'article est intitulé *Coustumes* et
*Coustumier*.

2. C'est un des plus longs articles du catalogue; il remplit 338 pages et comprend
quarante-trois subdivisions.

crits, comme nous l'avons dit, au mot
*Concilia.*

Les Défenses ou Factums figurent,
quand l'auteur n'est pas indiqué, au
nom de ceux en faveur de qui ils ont
été rédigés.

Les Dialogues se trouvent mentionnés au nom du premier interlo-
cuteur [1], lorsqu'ils sont anonymes;
dans le cas contraire, ils sont classés
sous le nom de l'auteur.

Tous les Dictionnaires [2], français,
grecs, hébreux, latins, etc., sont in-

---

1. On trouve au mot *Dialogi* ceux dont
les interlocuteurs ne sont pas désignés par
un nom propre; ainsi : *Dialogue d'entre
le maheustre et le manant.*

2. Ici l'ordre alphabétique des matières
est mêlé à celui des idiomes. Voici le sous-
titre de cet article : *Dictionaria ordine alphabetico linguarum vel materiarum disposita.*

scrits à ce mot et au nom des écrivains qui les ont composés.

Les Discours anonymes sont catalogués soit au mot *Discursus*, soit au mot *Discours*.

Nous avons déjà déclaré que les Édits des princes se trouvaient au mot *Arresta*.

Les Factums ou Défenses sont mis, nous l'avons dit, sous le nom des personnes qu'ils ont voulu protéger.

Le mot Lexique se trouve à l'article *Dictionaria*. Voyez les observations que nous avons faites sur cet article.

Les Mandements des cardinaux, des archevêques et des évêques sont placés au nom des villes où leur auteur a été évêque.

Les Missels sont inscrits à ce mot [1],

1. Au mot *Missale*.

et point au nom des diocèses ou des
Églises à l'usage desquels ils ont été
composés; mais ils sont classés suivant l'ordre alphabétique des Églises[1].

JUSSIONES SYNODALES, ou les INSTRUC-
TIONS SYNODALES, figurent au mot *Concilia.*

LES ORAISONS FUNÈBRES sont cataloguées au nom des défunts et à celui
de leurs panégyristes.

ORATIONES, ou les ORAISONS, sont inscrites à ces mots quand elles sont
anonymes.

Les ouvrages PHARMACEUTIQUES sont
au mot *Pharmacopæa* lorsqu'ils ne sont
pas signés.

---

1. Missale atrebatense,
 — aurelianense,
 — belvacense,
 — bajocense,
 — briocense,
 . . . . . . . . . .

Les Rituels sont placés au mot *Rituels*, et point sous le nom des diocèses auxquels ils sont destinés ; mais on les a disposés suivant l'ordre alphabétique des diocèses.

Les Arrêts des diverses juridictions sont réunis sous le mot *Arresta*. Voyez les observations que nous avons faites à l'égard de cet article.

Statuta synodalia, les Statuts synodaux, sont rangés sous le mot *Concilia*.

Synodi, les Synodes, soit des catholiques, soit des hérétiques, se trouvent au mot *Concilia*. Voyez ce que nous en avons dit ci-dessus.

# PRÆFATIO CATALOGI

## ALPHABETICI

# BIBLIOTHECÆ MAZARINEÆ

# PRÆFATIO CATALOGI

## ALPHABETICI

# BIBLIOTHECÆ MAZARINEÆ

Non minimum inter Bibliothecas urbis Parisiensis tenet locum Bibliotheca Mazarinæa [1]. Est illa percelebris numero et delectu librorum in omni genere, tum historiæ, tum optimarum Artium. Cum publici juris sit [2], maximo est usui sive ad erudiendum qui docti fieri volunt, sive ad adjuvandum doctos qui aliquod eruditionis opus aggrediuntur.

1. Voyez la note 1, p. 1.
2. Voyez la note 1, p. 2

Debetur illa munificentiæ Eminentissimı Cardinalis Julii Mazarini, supremi Regni Francorum Administri, qui, muneris et dignitatis suæ cogitans Eminentiam dignam, paucos antè obitum dies [1] Testamento [2] dato Vicenis [3] sexto Martii anni millesimi sexentesimi sexagesimi primi, legavit pecuniæ summam prægrandem [4], tum exstruendo Collegio quod nomen ejus præferret [5], tum instruendo loco excipiendis quos undequaque collegerat [6] libris idoneo.

Qui executioni supremæ suæ in hanc rem voluntatis præessent, instituit Clarissimos viros De la Moignon, Curiæ Parlamenti Parisiensis Proto-Præsidem [7]; Fouquet, Cognitorem Regium in

1. Voyez la note 1, p. 4.
2. Voyez la note 1, p. 3.
3. Voyez la note 2, p. 3.
4. Voyez la note 2, p. 4.
5. Voyez la note 1, p. 5.
6. Voyez la note 2, p. 5.
7. Voyez la note 1, p. 6.

eodem Parlamento, et Fisco Præpositum
Generalem ; Le Tellier, Regi a Secretio-
ribus et Mandatis ; Zongo Ondedei ,
Episcopum Forojuliensem; et Colbert,
Regi a Consiliis omnibus et Mandatis.
Fert ejus voluntas, admittantur in dictum Collegium sexaginta [1] Pueri Nobiles
quorum ortus sit a Regionibus jure belli [2]
ad Galliam adjunctis; nominatio perti-
neat ad Natu Majorem Domus Mazarinææ [3]; Educatio, Nutritio, Habitatio sit
gratuita [4]; quorum quidem Nobilium
loco, si forte aliquando defuerint, as-
sumantur præ cœteris Nati a Parentibus
opum et commoditatum largioribus [5].
Hinc manifestè liquet non hunc fuisse
animum Eminentissimi Fundatoris, ut
in pauperum Nobilium subsidium veni-
ret ejus Fundatio, sed ut novos subditos

1. Voyez la note 2, p. 6.
2. Voyez la note 3, p. 6.
3. Voyez la note 1, p. 7.
4. Voyez la note 2, p. 7.
5. Voyez la note 1. p. 8.

novo Regi arctius devinciret, totque in Urbe Principe Patrum in Regem fidelitatis collocaret Obsides, quot educaret filios ejus Munificentia [1].

Paulò post obitum Eminentissimi Cardinalis de exsequendo ejus Testamento cogitatum est [2], et primùm de inveniendo loco in quo construeretur Collegium, qui locus juxta leges Universitatis Parisiensis intrà ejusdem Pomœria et Limites contineretur, hoc est citrà Pontem novum et Sancti Bernardi [3]. Cum nullius hæc loci commoditas inquirentibus sese offerret [4], venit in mentem Palatium Luxemburgicum pecuniis comparare, in eoque figere sedem Collegii [5]; sed exploso multas ob rationes illo consilio [6], receptum est aliud, et

1. Voyez la note 2, p. 8.
2. Voyez la note 1, p. 9.
3. Voyez la note 1, p. 10.
4. Voyez la note 2, p. 10.
5. Voyez la note 1, p. 11.
6. Voyez la note 2, p. 11.

certum fuit ædificare illud in solo vacuo
et libero, cujusmodi erant Fossæ quibus
propè ripam Sequanæ Urbem munien-
tibus imperabat Turris dicta de Nesle[1];
atque hic ubi tunc temporis surgebat
Turris hæc, nunc surgit ædificium Bibliothecæ[2]. Quæ causa potissimùm im-
pulit ad eligendum illud solum, hæc
nempè fuit, ut veteri Luparæ ædium fa-
cies jucundior objiceretur ex adverso.
Ædibus illis construendis præfectus est
vir in arte Architectonicâ peritissimus
et magni nominis D. Le Vau[3]. Multæ
propterea confectæ et propositæ deli-
neationes. Juxtà nonnullos præteribat
Platea terminos quibus nunc circum-
scripta est, exibat enim in orbem perfec-
tum, porrecta magis in partem Sequanæ,
et intus Obeliscis et Fontibus adornata,
sed non placuit ita alveum fluminis
coarctare[4]. Tandem ædium quæ Pla-

1. Voyez la note 1, p. 12.
2. Voyez la note 2, p. 12.
3. Voyez la note 1, p. 14.
4. Voyez la note 2, p. 14.

team ambiunt et concludunt partes tam aptâ compositione et tanto lepore inter se conveniunt, ut tum Civium tum extraneorum admirationem moveant.

Construi cœperunt ædes illæ anno 1662, jubentibus D. D. Executoribus Testamenti, absolutæ anno 1663 [1], nec tamen apertum Collegium nisi mense Octobri anni 1688, cum res ad id necessariæ fuerunt omninò compositæ [2].

Neminem fugit anno 1649, turbulentis temporibus, Minore adhuc Ludovico XIV, Decreto supremi Senatûs Parisiensis voci subjecta esse Præconis bona omnia et speciatim libros Cardinalis Mazarini, ut pluris licenti addicerentur; sed, postero die quam publicata sunt, et aliqua ex parte vendita, revocatum est Mandatum; nec nisi pauci admodum venditi, quorum plerique ab Emptoribus Eminentissimo Cardinali redditi fuere. Indè patet nihil ferè detractum ex illâ magnificâ et exquisitâ librorum congerie

1. Il faut lire 1673. Le *lapsus calami* est évident.

2. Voyez la note 1, p. 15.

quos sibi curis et impensis comparave-
rat Eminentissimus Cardinalis[1].

Usus fuerat, ad id comparandum,
operâ et ingenio Gabrielis Naudé[2] Me-
dici, in hâc parte præstantissimi, cujus
eruditio singularis eminet ex variis operibus quæ in lucem edidit[3].

Bibliothecam Mazarinæam inchoavit
empta primum Bibliotheca D. Descordes[4] Canonici Lemovicensis, cujus Catalogus excusus est sub nomine Bibliothecæ Cordesianæ[5]. Huic adjecti sunt
in dies qui reperiri potuerunt optimi
libri sive manu-scripti, sive prælo dati,
tum in Galliâ et Parisiis præsertim[6],
tum in Italiâ[7], tum in Hispaniâ, tum in
Portugalliâ[8], tum in Germaniâ[9], tum in

1. Voyez la note 1, p. 17.
2. Voyez la note 1, p. 18.
3. Voyez la note 2, p. 18.
4. Voyez la note 1, p. 19.
5. Voyez la note 2, p. 19.
6. Voyez la note 1, p. 20.
7. Voyez la note 1, p. 21.
8. Voyez la note 2, p. 21.
9. Voyez la note 3, p. 21.

Poloniâ, tum in Sueciâ, tum in Daniâ, tum in Angliâ [1] qui quidem loci omnes diligenter eam ob causam peragrati sunt. Libri prælo dati, cum fato functus est Eminentissimus Cardinalis, erant numero viginti septem millia; libri autem manu-scripti jussu Regis in Bibliothecam Regiam translati [2], nec minimo ipsi sunt ornamento. Postremi illi descripti sunt et in Catalogo manuscripto Collegii Mazarinæi, et in operibus impressis R. P. de Montfaucon [3]. Tunc temporis æstimatum est illorum pretium summa octodecim millium libellarum [4], quæ collocata super Præfectum et Ædiles dabat Bibliothecæ reditum annuum nongentarum libellarum, nunc autem dat tantummodo reditum quadringentarum triginta trium libellarum propter imminutiones itentidem factas [5]. Ad illum

1. Voyez la note 1, p. 22.
2. Voyez la note 1, p. 23.
3. Voyez la note 1, p. 24
4. Voyez la note 2, p. 24.
5. Voyez la note 1, p. 25.

reditum accedit qui Testamento Emin.
Cardinalis legatus est reditus annuus
mille libellarum[1]. Ex hoc proventu
annuo mille et quadringentarum tri-
genta trium libellarum plurimùm am-
plificata est Bibliotheca, et constat nunc
ex plus quam quadraginta quinque mil-
libus voluminum. Undè factum est ut
ædes Bibliothecæ angustiores essent
quam ut multitudinem librorum capere
possent quibus illa locupletatur, et propterea cogitatum sit de augendo illius
spatio. Cum autem in longum aut latum
protrahere non sineret situs loci, visum
est altitudine lucrifaciendum, quod lon-
gitudine et latitudine denegabatur. Itaque tabulatum superius quod desinebat
in fornicem, figurâ quadratâ donatum
est, et hac ratione adepta fuit major
altitudo octo nimirùm pedum in toto
interiori circuitu Bibliothecæ. Suprà locum ad quem ascendebant prius librorum tabulæ superstructus est Porticus
toto Bibliothecæ spatio continuatus, ex-

1. Voyez la note 2, p. 25.

terius projectus et pensilis, columnis ligneis et adornatis suffultus, clathrorum elegantium sepimento tutus, ascensu facilis, et gradibus bene dissimulatis [1], viginti millium voluminum capax suprà id quod capere antè Bibliotheca poterat.

Id operis incœptum anno 1740, absolutum anno 1741, oculos et admirationem quorumcumque peritorum in se convertit [2].

Bibliothecâ Mazarinæâ nullus in orbe locus prælucet aspectibus pulchrior; allambitur Sequanæ fluvio; habet illa in conspectu Luparam Regiam; hinc prospicit Pontem-novum, Palatium Forense, Ecclesiæ Parisiensis Turres, et quidquid est in Urbe præstantius; illinc Pontem Regium, Hortum Tegulariarum, Campos Elysios, et quidquid rus offert amœnius.

Studiosos parùm moveret exterior illa pulchritudo nisi elegantiæ loci respon-

1. Voyez la note 1, p. 27.
2. Voyez la note 1, p. 28.

deret librorum delectus, quod in Biblio-
thecis quibuslibet præcipuum est, et in
hâc certè non desideratur. Si enim jac-
turam magnam ex ablatis sibi manu-
scriptis passa est, ipsi superest in sola-
tium Collectio locuples antiquiorum et
priorum Editionum prælo datarum '
in Galliâ, in Italiâ, in Germaniâ, etc.,
ut optimè et meritô agnovit D. Maittaire in Catalogo quem publici juris fe-
cit antiquarum Editionum, expertus ipse
quantum adjumenti hoc in opere Bibliotheca Mazarinæa afferre posset.

Cum Bibliotheca Mazarinæa nullis
caret opibus quæ cæteras Bibliothecas
ornant, tum propriis etiam insignitur et
abundat, quas, ut diximus, ex diversis
regionibus ipsi advexit D. Naude, et quæ
magni profectô pretii sunt, quales sunt
libri ad Medicinam spectantes, nullibi
numerosiores et exquisitiores, et speciatim libri historiam Germaniæ trac-
tantes.

Patet omnibus studiosis hæc Biblio-

1. Voyez la note 1, p. 30.

theca duobus in unâquaque hebdomada diebus, Lunæ nimirum, et Jovis; manè horâ octavâ, post meridiem horâ secundâ. Clauditur autem his diebus mane horâ decimâ, post meridiem hyeme horâ quartâ, æstate horâ quintâ[1].

Bibliothecarius Mazarinæus eligitur a Societate Sorbonicâ multitudine suffragiorum inter eos qui sunt è sociis[2]. Illi sub est unus subbibliothecarius, et duo famuli Bibliothecæ quos instituere et destituere penes ipsum est juxtà litteras patentes[3].

Ab anno millesimo sexcentesimo octogesimo octavo tempore quo apertum est Collegium et Bibliotheca, quatuor fuere Bibliothecarii, nimirum Ludovicus Piques[4] usque ad duodecimum Aprilis anni millesimi sexcentesimi nonagesimi quinti. Petrus Coulau[5] usque ad

1. Voyez la note 1, p. 32.
2. Voyez la note 1, p. 33.
3. Voyez la note 1, p. 34.
4. Voyez la note 1, p. 35.
5. Voyez la note 2, p. 35.

vigesimum octavum Novembris anni millesimi septingentesimi octavi. Joannes
Baptista Quinot usque ad decimum quar-
tum Augusti anni millesimi septingentesimi vigesimi secundi, et Petrus Des
Marais usque ad annum præsentem millesimum septingentesimum quinquagesimum primum[1].

Tres fuere subbibliothecarii. D. Baillet
frater Adriani Baillet[2] scriptoris percelebris. Petrus De Francastel usque
ad vigesimum quintum Julii anni millesimi septingentesimi trigesimi tertii.
Marcus-Antonius De la Forgue usque
ad annum præsentem millesimum septingentesimum quinquagesimum primum[3].

Lapsu temporum, libri a suis sedibus
ita dimoti erant, ut in iisdem casulis
diversæ omninò materiæ scientiarum
secum invicem permiscerentur; quare
necessum fuit eos in ordinem reducere,

---

1. Voyez la note 1, p. 36.
2. Voyez la note 2, p. 36.
3. Voyez la note 3, p. 36.

ad quod faciendum accinxi me anno
millesimo [1] quadragesimo primo , cum
in meliorem statum adducta Bibliotheca
fuit.

Electus ego in Bibliothecarium præ
cæteris et ætate et doctrinâ, et labore
et existimatione gravioribus, totum me
dandum duxi qui tanto honori et muneri,
si non cumulatè, saltem non indecorè
facerem satis, et ea propter ita ordina-
rem libros, assiduo et indefesso labore,
ut studiosi maximum ex iis nullo negotio
fructum percipere possent.

Reperire tunc erat in Bibliothecâ duos
Catalogos quorum unus secundum ordinem Alphabeticum, alter secundum ordinem quo libri erant in forulis dispositi. Hic inordinatæ et confusæ descri-
ptionis potius quam Catalogi nomen
merebatur. Ille index solum erat Bibliothecæ Bodlejanæ, cujus foliis typis
mandatis interjecta erant alba folia ad
excipiendum libros in Bibliothecâ Maza-

---

1. Le mot *septingentesimo* a évidemment
été oublié.

rinæâ exstantes, quorum tituli in Bodle-
jano indice non reperiebantur[1]. Plurima
pars librorum qui exstabant in Bibliothecâ Mazarinæâ deerat in hoc catalogo ;
quæ non deerat ineptè descripta erat.
Tituli librorum malè excerpti ; in iis qui
benè malè appositus annus Editionis.
Officii ergò mei ratus incombere totus
conficiendo illi Catalogo cujus plurimum
indigebat Bibliotheca Mazarinæa ; ratus
etiam maximam studiosis utilitatem
allaturos duos potissimum Catalogos
quorum unus ordine Alphabetico, alter
ordine Materiarum accuratissimè libros
indigitaret. Ut illud licet immensum et
propèmodum incogitabile opus susci-
perem consilium cœpi, et meditanti
mihi quomodo illud præstarem, occurrit
hæc cogitatio, non ità fore arduum ut
attingi non possit conficere Catalogum
materiarum quarumque quas libri gran-
diorum urbis Parisiensis Bibliothecarum
complectuntur ; et eâ de re cum illus-
trissimo Abbate Bignon tunc temporis

1. Voyez la note 1, p. 38.

Regiæ Bibliothecæ Præfecto[1] contuli.
Sic autem existimabam fieri illud posse.
Primùm convenirent secum simul omnes
Urbis Parisiensis Bibliothecarii, inter se
sibi mutuò impertirent singulis unam
scientiæ materiam, daretur, verbi gratiâ,
Bibliothecæ Regiæ[2] assumendum ex libris
suis quidquid pertinet ad Historiam; Bibliothecæ Advocatorum[3] quidquid spectat Jurisprudentiam; Bibliothecæ Sor-
bonæ[4] quidquid est rei Theologicæ;
Bibliothecæ Victorinæ[5] quidquid rei
Litterariæ; Bibliothecæ San-Germanæ[6],
quidquid Philosophicæ; Bibliothecæ
Mazarinææ, quidquid Medicæ. Cum autem præter Bibliothecas illas adsint insuper et San-Genovefa[7], et Oratoriana[8],

1. Voyez la note 1, p. 40.
2. Voyez la note 2, p. 40.
3. Voyez la note 1, p. 42.
4. Voyez la note 2, p. 42.
5. Voyez la note 1, p. 43.
6. Voyez la note 2, p. 43.
7. Voyez la note 1, p. 44.
8. Voyez la note 1, p. 45.

et Doctrinæ Christianæ [1], et Augustino-
rum ad Circum Victoriarum [2], et Subi-
siana [3], et aliæ plures quæ non parùm
habent celebritatis et commendationis,
posset una eademque materia, ad leva-
men unius cujusque Bibliothecarii, in
diversas partes dividi, quæ diversæ partes diversis operariis committerentur, et
quibus ità distributis minueretur plurimùm labor ejus qui unam materiam
assumpsisset sibi. Hoc primùm suppo-
sito, unusquisque Bibliothecarius excer-
psisset diversos titulos librorum suæ Bibliothecæ, sed cum in omnibus his Bi-
bliothecis innumeri reperiantur libri qui
sunt iidem, et nimio plus ingeminaretur
labor et opera, si Bibliothecarius quisque
omnes Bibliothecæ suæ libros evolveret,
antequàm inciperetur illud opus unusquisque sibi mutuô scripto traderet nomina diversorum authorum quos evol-

1. Voyez la note 2, p. 45.

2. Voyez la note 1, p. 46.

3. Voyez la note 2, p. 46.

vendos susciperet, et sic unus Bibliothecarius liberaretur onere quod alter impo-
suisset sibi. Divisum in diversas personas
hoc onus immensum esse desinit. Cum
missi fuissent ad eum cui obtigisset historia tituli operum quæ ad hanc scientiam attinent, et idem præstitum fuisset
circà diversa argumenta, seu materias,
obtineri tandem potuisset ut Catalogus
generalis conficeretur omnium Bibliothecarum hujus Urbis redactus in ordinem Materiarum. Signari facilè posset
quibusdam Litteris hunc vel illum librum in hâc vel illâ Bibliothecâ reperiri.
Verbi gratiâ, libros qui reperiuntur in
Bibliothecâ Regiâ , his litteris *B. R.* in
Bibliothecâ Mazarinæâ his, *B. M.* in
ejusmodi casu qui hoc Catalogo instructi
essent non adirent incassum Bibliothecas
postulaturi libros quibus illæ carent.
Addo insuper, confecto juxtà id consilium Catalogo, Italia, Hispania, Anglia,
Germania, etc., huic operi sese libenter
adjungerent, quo demùm fieret ut ad
notitiam omnium omninò librorum in
unâquaque materiâ existentium diveni-
retur rem sanè si non necessariam, sal-

tem perutilem, et quæ si eâ nostrâ tem-
pestate non fiat, operosior in dies futura
est, ne dicam impossibilis.

Cùm autem nondum itum sit in hanc
nostram sententiam, intrà fines Bibliothecæ Mazarinææ me continui. Non solum excerpsi titulos librorum ex quibus illa constat, sed præterea omnia
penitus evolvi volumina, quibus evolutis
id attigi ut Catalogum darem redactum
in ordinem Materiarum, quatenus saltem
spectat Historiam[1], quæ est pars scientiarum longè numerosior. Optandum
profectò foret ut cœteræ cœterarum
scientiarum partes huic Catalogo pari
ordine Materiarum adjicerentur; atque,
credo, perficiam, si dies et vires suppe-
tunt mihi, sed sperare cum vix sinat
provecta jam ætas, et infirma valetudo,
hortor quantum in me est successores
meos ut opus incœptum absolvant ipsi,
quod quidem illis eò minus facesset dif-
ficultatis, quòd jàm agatur solùm de
disponendis in ordinem materiarum ti-

1. Voyez la note 1, p. 49.

tulis librorum qui jam omnes excerpti et exscripti sunt in Cartis.

Intermisi illud opus ut darem operam Catalogo Alphabetico qui mihi visus est instare magis, et cui, Deo favente, manus accessit extrema. Hic Catalogus unus licet, triginta et octo implet volumina in folio. Quod quomodo fieri possit, facilè intelliget quisquis ordinem attenderit quem servavi. Id potissimùm, meo quidèm judicio, negotii datur Bibliothecario, præsertim illi cui cura incumbit Bibliothecæ Publicæ, ut Bibliothecam adeuntibus libros suppeditet quos requirunt; non rarò autèm accidit, quod mea docuit experientia, ut libri qui sunt in Bibliothecâ, et postulantur, non suppeditentur tamen, quia Bibliothecarios latet ubi sint libri. Pleraque pars librorum illorum in Collectionibus reperitur, altera pars vel initio vel in fine alicujus operis planè diversi et argumento et authore invenitur. Quis porrò tam tenacis est memoriæ, ut ab illâ non excidat hunc vel illum librum hujus vel illius authoris insertum esse in Collectionibus Grævii[1], Gronovii[2], Du Chenii[3], Muratorii[4], Bibliothecæ Patrum[5], totque cœterorum. Operæ igitur pretium putavi illas Collectiones evolvere et revocare titulos ad Authorum illorum nomina qui libros contentos in his diversis Collectionibus composuerunt; quin etiam usu meo didici in nonnullis voluminibus quæ Collectiones non sunt, contineri Dissertationes et Opuscula levibus mandata foliis, quæ fugitiva vocant profecta ex diversis authoribus, quæ vix invenias quæsita licèt diligenter. Ut autem illa detegerem quærentibus, singulos Bibliothecæ Mazarinææ libros lustravi et inspexi, et disseminata in diversis authoribus et voluminibus opuscula revocavi ad nomen Alphabeticum authoris a quo reipsà enata sunt. En primùm undè tantopere multiplicata sunt hujus Catalogi volu-

1. Voyez la note 1, p. 52.
2. Voyez la note 2, p. 52.
3. Voyez la note 3, p. 52.
4. Voyez la note 4, p. 52.
5. Voyez la note 5, p. 52.

mina, quod quidem Lectoribus non in-
gratum fore confido.

Præterquam quod in animum induxi
posse prodesse plurimùm confectum
magnâ cum accuratione Catalogum, sive
Commentariis scribendis super operibus
virorum Litteratorum sive cognoscendæ
certiùs vitæ Litterariæ diversorum authorum, quod ut facilius assequi possit,
fore perutile visum mihi est si recense-
rem ordine Alphabetico non solum authores, sed authorum etiam Editores,
Commentatores, Traductores, uno verbo
omnia eorum scriptorum nomina quorum
opera circà quoslibet authores versata
est. Id nostrâ qualicunque industriâ ef-
fectum est in Catalogo quem absolvimus,
et de quo supra mentio, ità ut, verbi
gratiâ, ad verbum BALUZE, reperiantur
omnes libri quorum ille est Editor; ad
verbum VOSSIUS libri omnes quos ille
notis illustravit; ad verbum MAROLLES
libri quorum ille est traductor, et sic de
cœteris Editoribus, Commentatoribus
et Traductoribus librorum qui in nostrâ
Bibliothecâ Mazarinæâ reperiuntur.

Non parùm quoque contulerunt ad

multiplicanda nostri Catalogi volumina
vitæ hominum illustrium, Orationes
Funebres, Satyræ, Opera diversis perso-
nis vel faventia, vel adversantia; neque
enim credidi satis esse ad explendam
instituti mei rationem appellare diversorum operum authores, sed insuper
oportere ordine Alphabetico disponere
eorum nomina de quibus dictum est vel
narrando, vel perorando, vel laudando,
vel carpendo. Hujus laboris hæc quoque
dos est ut memoriam sublevet, aperiat-
que facilem aditum ad inveniendas vitas,
Orationes funebres, etc., virorum illustrium, quando quidem sic inveniri du-
plici modo possunt, et quærendo nomen
scriptoris, et quærendo nomen ejus de
quo scriptio facta est.

In promptu igitur causa est cur Catalogus Alphabeticus duntaxat Bibliothecæ
numerosæ quidèm, sed non immensæ,
non nisi tot voluminibus in folio peragi
potuerit; nec opus etiam dicere quantæ
molis fuit hoc opus ad finem perducere,
cum hoc unum propositum sit mihi et
deliberatum ut prosim cœteris; satis
benè mecum actum existimo, si Litte-

7

ratis viris scientiam magis parabilem fecero.

Nunc ponamus ante oculos quem in hoc Catalogo ordinem servaverimus, et quæ via iniri debeat ad inveniendos libros quibus opus erit.

Ex solâ inspectione hujus Catalogi manifestè patet omnes authores ordine Alphabetico dispositos esse. Quærenda ergò primùm eorum Nomina, vel potius Cognomina. Verbi gratia, quæretur Dionysius Petau, non sub nomine Dionysius, sed sub nomine Petau; sunt enim Catalogi qui authores signant sub nomine Baptismi, et qui longè utiliores forent, si illos cognomine Familiæ signarent.

Sunt Religiosi quibusdam Ordinibus addicti quales sunt Capucini, Recollecti, Carmelitæ Discalceati, et multi alii qui non servant nomen Familiæ et cognoscuntur tantùm sub nomine sanctorum in quorum Clientelam se receperunt; quærendi autem sunt illi authores sub nomine sanctorum illorum. Exempli causâ, quæretur Cherubinus d'Orleans Capucinus, sub nomine Cherubi-

NUS, et non sub nomine D'ORLEANS. Non
ità fiet si Religiosus duorum sanctorum
nomina gerat; sub secundo enim nomine
tuncquærendus est. Verbi gratia, HONORÉ
DE SAINTE MARIE, Carme, quærendus est
non sub nomine HONORÉ, sed sub nomine DE SAINTE MARIE, quod a nobis
habetur ut cognomen, seu nomen Familiæ.

Cum observaverim multos Bibliothecarios disposuisse Rabinos sub primo
eorum nomine, ita a me dispositi sunt;
itaque quæretur sub nomine DAVID, Ra-
binus DAVID KIMHI, et non sub nomine
KIMHI. MOSES MAIMONIDES sub nomine
MOSES, non sub nomine MAIMONIDES, et
illud eò magis est advertendum quòd
hæc indicatio solitum hujus Catalogi
ordinem invertat.

Pro nomine Familiæ plures habent
nomina sanctorum aut sanctarum, ut
LUDOVICUS DE SAINT-AMOUR, PETRUS DE
SAINT-ANDRÉ, CAROLUS DE SAINTE-MAU-
RE; quærendæ hæ familiæ sub Litterâ S,
hoc est sub nomine SAINT-AMOUR, SAINT-
ANDRÉ, SAINTE-MAURE, et non sub no-
mine AMOUR, ANDRÉ, MAURE.

Aliter agendum circa nomina quibus præfixi sunt illi articuli DE, DU, DES, LE, LA, LES; quærenda illa nomina sublatis illis articulis : sic nomina DE CROUZAS, DU BOIS, DES PORTES, LE BLANC, LA GRUE, etc., quærenda sunt in ordine Alphabetico sub nominibus CROUZAS, BOIS, PORTES, BLANC, GRUE, etc.

Innominatorum authorum quorum quærere nomina et laboriosum et infructuosum fuisset, Tractatuum materiam assumpsi, et nomina Tractatuum illorum loco nominum in Indice Alphabetico authorum reposui; sic nomen PESTIS ad Tractatum *de Peste*, cujus ignotus est author; nomen ROMA ad Tractatum *super urbe Româ*, cujus authoris nomen latet, et sic de cœteris authoribus innominatis.

Hanc eandem normam sequti sumus ergà libros in gratiam hæreseos et hæreticorum, vel contrà hæreses et hæreticos qui nomen authorum præ se non ferunt; sic ad verbum CALVINUS, aut CALVINISTÆ, libros reperies qui favent vel adversantur CALVINISMO; ad verbum LUTHERUS qui patrocinantur, vel adversantur

LUTHERANISMO; ad verbum JANSENIUS qui favent vel adversantur JANSENISMO. Hoc dictum duntaxat puta de libris quorum non sunt nominati authores, secùs de libris quorum nominati sunt authores; tunc enim authorum nomina appellantur in Indice Alphabetico. Itaque quæres ad verbum BOSSUET, ad verbum NICOLE, quæcunque illi scriptores contra Calvinistas, etc., ediderunt in lucem.

Præter libros illos quorum innominati sunt authores, sunt alii benè multi quos remittendos judicavimus ad materiam præcipuam circà quam occupantur. Ejusmodi sunt FASTI, seu ALMANACHS, APOLOGIÆ, ARRESTA, BIBLIA, BREVIARIA, CALENDARIA, CÆREMONIALIA, CHRONICA, CONCILIA, CONCORDANTIÆ BIBLIORUM, CONFESSIONES FIDEI, CONSTITUTIONES PONTIFICUM, CONSUETUDINES REGNORUM, CONCIONES, DECLARATIONES PRINCIPUM, DECRETA SYNODALIA, DEFFENSIONES, DIALOGI, DICTIONARIA, EDICTA, EPISTOLÆ, DISCEPTATIONES FORENSES, seu FACTUMS, LITTERÆ, LEXICON, MANDATA EPISCOPORUM, MISSALIA, ORATIONES FUNEBRES et aliæ, PHARMACOPÆI libri, RITUALIA,

Sententiæ Judicum, Statuta Synodalia, Synodi, etc.

En paucis ordo quem supra dicta capita servavimus.

Ad verbum Almanach reperies eos omnes quos Bibliotheca nostra complectitur, dispositos inter se ordine Chronologico; reperies etiam sub nomine diversorum qui eos condiderunt Authorum.

Apologiæ diversæ collocatæ sunt et indicatæ et sub nomine eorum qui illas scripserunt, et sub nomine eorum in gratiam quorum scriptæ sunt [1].

Quamvis omnia Biblia sub nomine Biblia reperiantur [2], reperiuntur etiam sub nominibus diversorum Editorum, Traductorum et Commentatorum.

Ad verbum Breviaria reperientur illa ordinata inter se secundum ordinem Alphabeticum Ecclesiarum ad quas pertinent, ità ut Breviarium ad usum Ecclesiæ Parisiensis prior sit ordine Breviario ad usum Romæ destinato [3].

1. Voyez la note 1, p. 63.
2. Voyez la note 2, p. 63.
3. Voyez la note 2, p. 64.

Ad verbum CALENDARIA singula reperies[1].

Ad verbum CEREMONIALIA illa reperies
pariter[2].

Ad verbum CHRONICA omnia retulimus
quæ Bibliotheca nostra continet, ut
eorum Catalogus exscribi possit. Ordine
Alphabetico disposita sunt inter se[3]; simul tamen sub nomine authorum reperiri
possunt.

Ad verbum CONCILIA omnia reperies
Concilia, Synodos, Decreta Synodalia, etc., et Concilia inter se disposita
sunt secundum ordinem Alphabeticum.
Ne igitur illa quæras sub nomine Provinciarum, vel urbium in quibus cele-
brata sunt[4].

CONCORDANTIÆ Bibliorum quibus authorum nomen non est ipsis præfixum,
ad verbum Concordantiæ reperientur.

CONFESSIONES pariter Fidei quorum

1. Voyez la note 3, p. 64.
2 Voyez la note 1, p. 65.
3. Voyez la note 2, p. 65.
4. Voyez la note 1, p. 66.

ignoti sunt authores, sub nomine Confessiones reponuntur; exempli gratiâ,
Confessio Augustana, V. Confessiones.
Hoc signum V. sibi vult Vide Confessiones.

CONSTITUTIONES Summorum Pontificum, BREVIA, EPISTOLÆ et alia eorum
opera collocantur sub nomine Authorum;
sic Constitutio Unigenitus sub nomine
Clementis XI, non sub nomine Consti-
tutionis, neque sub nomine Unigenitus,
et ita de cœteris.

Sub nomine CONSUETUDINES [1] reperies
Consuetudines Regnorum, Provinciarum, Urbium; ità tamen dispositæ sunt
sub nomine Consuetudines, ut illas eas-
dem reperias sub nomine Authorum,
Editorum, Commentatorum et eorum
qui illas notis locupletarunt.

DECLARATIONES Principum sub nomine
Arresta [2] reperiuntur.

DECRETA SYNODALIA, ut diximus, reperiuntur sub nomine Concilia.

---

1. Voyez la note 1, p. 67.
2. Voyez la note 2, p. 67.

Defensiones, seu Factums sunt sùb nomine eorum in quorum gratiam susceptæ sunt, quandò Defensionum illarum author non est nominatus.

Dialogi reperiuntur sub nomine primi interlocutoris, quandò suo operi author non apposuit nomen [1], sed cum apposuit sub illius nomine illos reperies.

Ad verbum Dictionaria omnia invenies Gallica, Græca, Hebræa, Latina, etc.[2], invenies etiam sub nomine authorum qui ea composuerunt.

Discursus sine nomine authorum ad verbum Discursus et ad verbum Discours reperiuntur.

Edicta Principum, ut jam diximus, sub nomine Arresta reperiuntur.

Factums, seu Defensiones, ut suprà notavimus, sub nomine eorum collocantur in quorum gratiam factæ sunt.

Verbum Lexicon reperitur sub nomine

1. Voyez la note 1, p. 68.
2. Voyez la note 2, p. 68.

Dictionaria cum observationibus circà hunc articulum factis.

MANDATA Cardinalium, Archiepiscoporum, Episcoporum, sunt sub nomine Urbium quarum sunt vel fuerunt Episcopi.

MISSALIA reperiuntur ad verbum Missalia[1], et non sub nomine Diœceseon et Ecclesiarum ad quarum usum facta sunt. Inter hæc Missalia Ordinem Alphabeticum Ecclesiarum observavimus[2].

JUSSIONES SYNODALES, seu ORDONNANCES SYNODALES, ad verbum Concilia quærantur, ut dictum est.

ORATIONES FUNEBRES sub nomine Laudantium et Laudatorum quærantur.

ORATIONES et ORAISONS, ad verbum Orationes et Oraisons reperiuntur, cum latet nomen authoris.

PHARMACOPÆA reperiuntur sub nomine Pharmacopæa, quando author non est nominatus.

1. Voyez la note 1, p. 69.
2. Voyez la note 1, p. 70.

RITUALES libri collocantur sub nomine Ritualia, non sub nomine Dioeceseon ad quarum usum destinati sunt. Servavimus tamen ordinem Alphabeticum Dioeceseon illos disponendo.

SENTENTIÆ diversarum Jurisdictionum reperiuntur ad verbum Arresta, cum observationibus circa hunc articulum factis.

STATUTA SYNODALIA, les STATUTS SYNODAUX, collocata sunt ad verbum Concilia.

SYNODI, les SYNODES, sive Catholicorum, sive Hæreticorum, ad verbum Concilia reperiuntur. Vide quæ eâ de re suprà diximus.

# TABLE.

---

Achevé d'imprimer le 8 février 1867.

## DU MÊME AUTEUR.

—

FACULTÉ DE MÉDECINE DE PARIS, *d'après des documents entièrement inédits ;* suivies d'une notice sur les manuscrits qui y sont conservés. In-8º . . . . . . . 5 fr.

HISTOIRE DE LA BIBLIOTHÈQUE DE L'ABBAYE DE SAINT-VICTOR A PARIS, *d'après des documents inédits.* In-8º. . . . . . 5 fr.

LA BIBLIOTHÈQUE IMPÉRIALE, son organisation, son catalogue. In-12. . . . 1 fr.

3517 — Paris, imp. Jouaust, rue Saint-Honoré, 338.

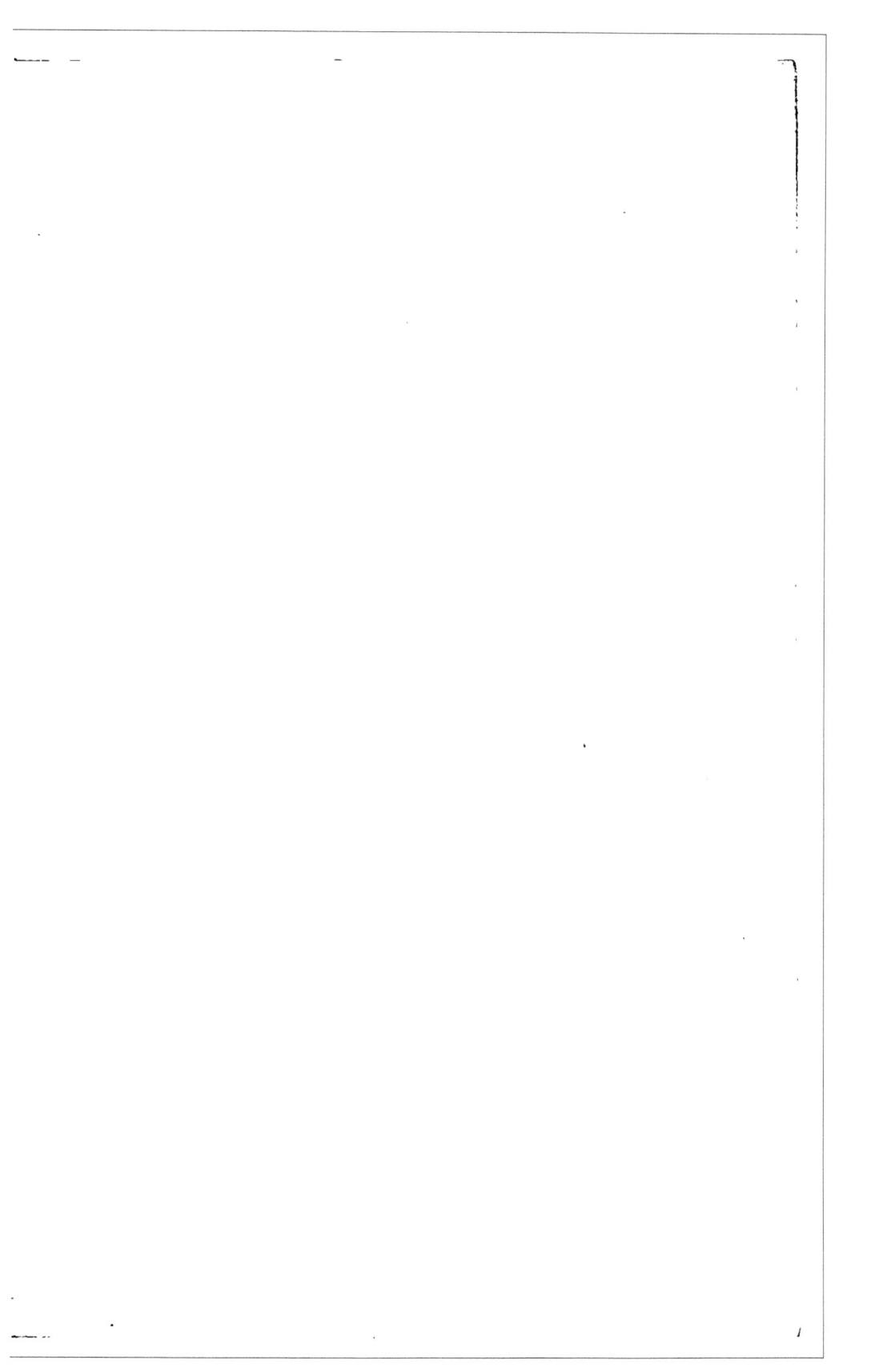

www.ingramcontent.com/pod-product-compliance
Lightning Source LLC
Chambersburg PA
CBHW071824090426

42737CB00012B/2177